生命是时间的收藏品

游戏人间

贾平凹 著

百花洲文艺出版社

闹神

生人，在写书，勿扰。

目录
CONTENTS

人实在是个走虫 CHAPTER 1

为人为文，作夫作妇，绝权欲，弃浮华
归其天籁，必怡然平和
家窠平和，则处烦嚣尘世而自立也

向魚問水

壬午 半山

人生求缺不求满 ○ CHAPTER 2

人是从泥土里来的，终究又变为泥土
这土彩罐是一种什么形状呢
御风罢，扶风罢，怀风罢，只有这风
风是泥土捏的东西的灵魂

精神之花是我们生命灿烂

读书本是无用事 　⊙　CHAPTER 3

不要论他人短长是非
也不必计较自己短长是非让人去论
不热羡，不怨恨，以自己的生命体验着走
这就是性格和命运。命运会教导我们心理平衡

喝西凤、吃泡馍、唱秦腔 · CHAPTER 4

西安的大饭店多，豪华的宴席也赴了不少
但那都是应酬，要敬酒，要说话，吃得头上不出汗
吃饭头上不出汗，那就没有吃好
每每赴这种宴席时，我就想起了盐汤面

我在看这里的人间 ○ CHAPTER 5

为什么活着，怎样去活
大多数人并不知道，也不去理会
但日子就是这样有秩或无秩地过着
如草一样，逢春生绿，冬来变黄

CHAPTER 1

人实在是个走虫

为人为文，作夫作妇

绝权欲，弃浮华

归其天籁，必怡然平和

家寨平和，则处烦嚣尘世而自立也

写给母亲

人活着的时候，只是事情多，不计较白天和黑夜。人一旦死了日子就堆起来：算一算，再有二十天，我妈就三周年了。

三年里，我一直有个奇怪的想法，就是觉得我妈没有死，而且还觉得我妈自己也不以为她就死了。常说人死如睡，可睡的人是知道要睡去，睡在了床上，却不知道在什么时候睡着的呀。我妈跟我在西安生活了十四年，大病后医生认定她的各个器官已在衰竭，我才送她回棣花老家维持治疗。每日在老家挂上液体了，她也清楚每一瓶液体完了，儿女们会换上另一瓶液体的，所以便放心地闭了眼躺着。到了第三天的晚上，她是闭着的眼再没有睁开，但她肯定还是认为她在挂液体了，没有意识到从此再不醒来，因为她躺下时还让我妹把给她擦脸的毛巾洗一洗，梳子放在了枕边，系在裤带上的钥匙没有解，也没有交代任何后事啊。

三年以前我每打喷嚏，总要说一句：这是谁想我呀？我妈爱说笑，就接着说：谁想哩，妈想哩！这三年里，我的喷嚏尤其多，往往错过吃饭时间，熬夜太久，就要打喷嚏。喷嚏一打，便想到我妈了，认定是我妈还在牵挂我哩。

我妈在牵挂着我，她并不以为她已经死了，我更是觉得我妈还在，尤其我一个人静静地待在家里，这种感觉就十分强烈。我常在写作时，突然能听到我妈在叫我，叫得很真切；一听到叫声我便习惯地朝右边扭过头去。从前我妈坐在右边那个房间的床头上，我一伏案写作，她就不再走动，也不出声，却要一眼一眼看着我；看得时间久了，她要叫我一声，然后说：世上的字你能写完吗，出去转转么。现在，每听到我妈叫我，我就放下笔走进那个房间，心想我妈从棣花来西安了？当然是房间里什么也没有，却要立上半天，自言自语我妈是来了又出门去街上给我买我爱吃的青辣子和萝卜了。或许，她在逗我，故意藏到了挂在墙上的她那张照片里，我便给照片前的香炉里上香，要说上一句：我不累。

整整三年了，我给别人写过十多篇文章，却始终没给我妈写过一个字，因为所有的母亲，儿女们都认为是伟大又善良，我不愿意重复这些词语。我妈是一位普通的妇女，缠过脚，没有文化，户籍还在乡下，但我妈对于我是那样的重要。已经很长时间了，虽然再不为她的病而提心吊胆了，可我出远门，再没有人啰啰唆唆地叮咛着这样叮咛着那样；我有了好吃的好喝的，也不知道该送给谁去。

在西安的家里，我妈住过的那个房间，我没有动一件家具，一切摆设还原模原样，而我再没有看见过我妈的身影。我一次又一次难受着给自己说，我妈没有死，她是住回乡下老家了。今年的夏天太湿太热，每晚被湿热醒来，恍惚里还想着该给我妈的房间换个新空调了。待清醒过来，又宽慰着我妈在乡下的新住处里，应该是清凉的吧。

三周年的日子一天天临近，乡下的风俗是要办一场仪式的，我准备着香烛花果，回一趟棣花了。但一回棣花，就要去坟上，现实告诉着我妈是死了，我在地上，她在地下，阴阳两隔，母子再也难以相见，顿时热泪肆流，长声哭泣啊。

自传——在乡间的十九年

一九八三年一月八日，我从城北郊外迁移市内，居于三十六点七平方米的水泥房，五个门开关掩闭不亦乐乎，空气又可流通，且无屋顶漏土，夜里可以仰睡，湿湿虫也不满地爬行，心遂大足！便将一张旧居时的照片悬挂墙上，时时做回忆状。照片上我题有一款，如此写道：

"贾平凹，三字其形、其音、其义，不规不则不伦不类，名如人，文如名；丑恶可见也。生于一九五三年二月二十一日，少时于商山下不出。后入长安，曾怀以济天下之雄心，然无翻江倒海之奇才，落拓入文道，魔蚀骨髓不自拔，作书之虫，作笔之鬼，二十二岁，奇遇乡亲韩××，各自相见钟情，三年后遂成夫妻。其生于旧门，淑贤如静山，豁达似春水。又年后得一小女，起名浅浅，性极灵慧，添人生无限乐气。又一年入城合家，客居城北方新村，茅屋墟舍；然顺应自然，求得天成。为人为文，作夫作妇，绝权欲，弃浮华，归其天籁，必怡然平和；家窠平和，则处烦嚣尘世而自立也。"

随便戏笔题款，没想竟做了一件大事，完成了而立之年间第一次为自己作传。今读此传，甚觉完整，其年龄、籍贯、相貌、脾性，以及现在人极关心的作家的恋爱、家庭、处世态度无不各方披露。故《新苑》杂志要求自传，以此应付，偏说太单，迟迟一年有余不肯再写，惹得杂志社几乎变脸，生怕招来名不大气不小之嫌，勉强再作一次，发誓以后再不作这般文字，即就老死做神做鬼。这一篇也权当是自作的墓志铭了。

这是一个极丑的人。

好多人初见，顿生怀疑，以为是冒名顶替的骗子，想唾想骂想扭了胳膊交送到公安机关去。当经介绍，当然他是尴尬，我更拘束，扯谈起来，仍然是因我面红耳赤，口舌木讷，他又将对我的敬意收回去了。

我原本是不应该到这个世界上做人的。

娘生我的时候，上边是有一个哥哥，但出生不久就死了。阴阳先生说，我家那面土炕是不宜孩子成活的，生十个八个也会要死的，娘便怀了我在第十月的日子，借居到很远的一个地方的人家生的。于是我生下来，就"男占女位"，穿花衣服，留黄辫撮，如一根三月的蒜苗。家乡的风俗，孩子难保，要认一个干爹，第二天一早，家人抱着出门，遇张三便张三，遇李四就李四，遇鸡遇狗鸡狗也便算作干亲。没想我的干爸竟是一位旧时的私塾先生，家里有一本《康熙字典》；知道之乎者也，能写铭旌。

坐在黄昏中的人

墨冬

平凹

　　我们的家庭很穷，人却旺，我父辈为四，我们有十，再加七个姐妹，乱哄哄在一个补了七个铜钉的大环锅里搅勺把，一九六〇年分家时，人口是二十二个。在那么个贫困年代，大家庭里，斗嘴吵架是少不了的，又都为吃。贾母享有无上权力，四个婶娘（包括我娘）形成四个母系，大凡好吃好喝的，各自霸占，抢勺夺铲，吃在碗里盯着锅里，添两桶水熬成的稀饭里煮一碗黄豆，那黄豆在第一遍盛饭中就被捞得一颗不剩。这是和当时公社一样多弊病多穷困的家庭，维持这样的家庭，只能使人变作是狗，是狼，它的崩溃是自然而然的事。

　　我父亲是一个教师，由小学到高中，他的一生是在由这个学校到那个学校的来回变动中度过的。世事洞明，多少有些迁，对自己、对孩子极其刻苦，对来客却倾囊招待，家里的好吃好喝几乎全让外人享用了，以致在我后来做了作家，每每作品的目录刊登于报纸上，或某某次赴京召开某某会议，他的周围人就向他道贺，讨要请客，他必是少则一斤糖一条烟，大到摆一场酒席。家乡的酒风极盛，一次酒席可喝到十几斤几十斤水酒，结果笑骂哭闹，颠三倒四，将三个五个醉得撂倒，方说出一句话来：今日是喝够了！

　　这种逢年过节人皆撂倒的酒风，我是自小就反恶的。我不喜欢人多，老是感到孤独，每坐于我家堂屋那高高的石条石阶上，看着远远的疙瘩寨子山顶的白云，就止不住怦怦心跳，不知道那云是什么，从哪儿来到哪儿去。一只很大的鹰在空中盘旋，这飞物是不是也同我一样没有一个比翼的同伴呢？我常常到村口的荷花塘去，看那蓝莹莹的长有艳红尾巴的蜻蜓无声地站在荷叶上。我对这美丽的生灵充满了爱欲，喜欢它那种可人的又悄没声息的样子，用手把它捏住了，那蓝翅就一阵打闪，可怜地挣扎。我立即就放了它，同时心中有一种说不出的茫然。

这种秉性在我上学以后，愈是严重，我的学习成绩是非常好的，老师和家长却一直担心我的"生活不活跃"。我很瘦，有一个稀饭灌得很大的肚子，黑细细的脖子似乎老承负不起那颗大脑袋，我读书中的"小萝卜头"，老觉得那是我自己。后来，我爱上出走，背了背篓去山里打柴、割草，为猪采糠，每一个陌生的山岔使我害怕又使我极大满足。商州的山岔一处是一处新境，丰富和美丽令我无法形容，如果突然之间在崖壁上生出一朵山花，鲜艳夺目，我就坐下来久久看个不够。偶尔空谷里走过一位和我年龄差不多的甚至还小的女孩儿，那眼睛十分生亮，我总感觉那周身有一圈光晕，轻轻地在心里叫人家是"姐姐"！盼望她能来拉我的手，抚我的头发，然后长长久久地在这里住下去；这天夜里，十有八九我又会在梦里遇见她的。

当我读完小学，告别了那墙壁上端画满许多山水、神鬼、人物的古庙教室。我以优异的成绩考上初中后，便又开始了更孤独更困顿更枯燥的生活。印象最深的是吃不饱，一下课就拿着比脑袋还大的瓷碗去排队打饭。这期间，祖母和外祖母已经去世，没有人再偏护我的过错和死拗，村里又死去了许多极熟识的人，班里的干部子弟且皆高傲，在衣着上、吃食上以及大大小小的文体之类的事情上，用一种鄙夷的目光视我。农家的孩子愿意和我同行，但爬高上低魔王一样疯狂使我反感，且他们因我孱弱，打篮球从不给我传球，拔河从不让我入伙，而冬天的课间休息在阳光斜照的墙根下"摇铃"取暖，我是每一次少不了被做"铃胡儿"的噩运。那时候，操场的一角呆坐着一个羞怯怯的见人走来又慌乱瞧一窝蚂蚁运行的孩子，那就是我。我喜欢在河堤堰上抓一堆沙窝里的落叶燃起篝火，那烟丝丝缕缕升起来可爱，那火活活腾腾腾起来可爱。

不久，"文革"就开始，"文革"开始的同时，也便结束了我的文化学习。但也就在这一年，我第一次走出了秦岭，挤在一辆篷布严实的黑暗的大卡车到了西安"串联"。那是冬日，我们插楔似的塞在车厢，周身麻木不知感觉，当我在黑龙口停车小解时，用手狠狠地拔出自己的脚来，脚却很小了，还穿着一只花鞋，使我大惑不解，蓦地才明白拔出的不是我的脚，忙给旁边那一位长得极俏的女孩儿笑笑，她竟莫名其妙，她也是不知道她的脚曾被我拨动过。西安的城市好大，我惊得却不知怎么走，同伴三人，一个牵一人衣襟，脑袋就四方扭转。最叫我兴奋的是城里人在下雨天撑有那么多伞，全不是竹制的，油布的。一把细细的铁棍，帆布有各种颜色。我多么希望自己有那么一把伞，曾痴痴地看着一个女子撑着伞从面前过去，目送人家消失，而险些被一辆疾驰的自行车撞倒。在马路口的人行道上，一个姑娘一直在看我，我觉得挺奇怪，回看她时，她目光并没有避，还在定定看我。冬天的太阳照着她，她漂亮极了，耳朵下的那块嫩白白的地方，茸茸可爱的鬓发中有一颗淡墨的痣，正如一只小青蛙遇到了一条蟒蛇，蛇的眼睛可怕，但却一直看着蛇眼走近它。我站在了姑娘的面前。"你从哪里来？"她问。"山里。""山里和城里哪儿不一样？"她又问。"城里月亮大，山里星星多。"我如实说了，还补充一句，"城里茅坑（厕所）少。"她嘎嘎笑了一阵就起身跑了。我看见她在不远的地方给她的朋友们讲述我的笑话，但我心里极度高兴，这是第一个和我说话的城里人，至今我还记得起她漂亮的笑容。

串联归来，武斗就开始了。我又拎起那只特大的每星期盛满一次酸菜供我就饭的瓷罐回到村子里。应该说，从此我是一个小劳力，一名公社的社员。离开了枯燥的课堂，没有了神圣可畏的老师，但没有书读却使我大受痛苦。我不停地在邻村往日同学的家里寻借那些没头没尾的古书来读，读完了又以此去与别的人的书交换。书尽闲书，读起来比课本更多滋味，那些天上地下的，狼虫虎豹的，神鬼人物的，一到晚上就全活在脑子里，一闭眼它就全来。这种看时发呆看后更发呆的情况，常要荒辍我的农业，老农们全不喜爱我做他们帮手，大声叱骂，作践。队长分配我到妇女组里去做活，让那些三十五岁以上的所有人世的妒忌，气量小，说是非，庸俗不堪，诸多缺点集于一身的婆娘们来管制我，用唾沫星子淹我。我很伤心，默默地干所分配的活，将心与身子皆弄得疲累不堪，一进门就倒柴捆似的倒在炕上，睡得如死了一样沉。

阴雨的秋天，天看不透，墙头，院庭，瓦槽，鸡棚的木梁上，金铜一样生绿，我趴在窗台上，读鲁迅的书：

"窗外有两棵树，一棵是枣树，另一棵也是枣树。"

我的眼里噙满了泪水。

我盼望着"文革"快些结束，盼望当教师的父亲从单位回来，哪一日再能有个读书的学校，我一定会在考场上取得全优的成绩。一出考场使所有的孩子和等在考场外的孩子的父母对我有一个小小的妒忌。然而，我的母亲这年病犯了，她患得肋子缝疼，疼起来头顶在炕上像犁地一样。一种不祥的阴影时时压在我的心上，我们弟妹泪流满面地去请医生，在铁勺里烧焦蓖麻油辣子水给母亲喝。当母亲身子已经虚弱得风能吹倒之时，我和弟弟到水田去捞水蜗牛，捞出半笼，在热水中煮了，用锥子剜出那豆大一粒白肉。我们在一个夜里关了院门，围捕一只跑到院里的别人家的猫，打死了，吊在门闩上剥皮。那是惊心动魄的一幕，剥出的猫红赤赤的十分可怕，我不忍心再去动手。当弟弟将猫肉在锅里炖好了端来吃，我竟闻也不敢闻了。到了秋天，更不幸的事情发生了，父亲，忠厚而严厉过分的教师，竟被诬陷定为历史反革命分子而开除公职遣回家来劳动改造了。这一打击，使我们家从此在政治上、经济上没于黑暗的深渊，我几乎要流浪天涯去讨饭！父亲遣回的那天，我正在山上锄草，看见山下的路上有两个背枪的人带着一个人到公社大院去，那人我立即认出是父亲。锄草的妇女把我抱住，紧张地说："是你老子，你快回去看看！"这些凶恶的妇女那时变得那么温柔，慈祥，我永远记着那一张张恐惧得要死的面孔。我跑回家来，父亲已经回来了，遍身鳞伤地睡在炕上，一见我，一把揽住，嚎声哭道："我将我儿害了！我害了我儿啊！"父亲从来没有哭过，他哭起来异常怕人，我脑子里嗡嗡直响，什么也看不见，什么也听不见。

　　家庭的败落，使本来就孱弱的我越发孱弱。更没有了朋友，别人不到我家里，我也不敢到别人家去，最害怕是被那狗咬了。那是整整两年多时间，直至父亲平反后，我觉得我是长大了，懂得了世态炎凉，明晓了人情世故。我唯一的愿望是能多给家里挣些工分，搞些可吃的东西。在外回家，手里是不空过的，有一把柴火捡起来夹在胳膊下，有一棵菜拔下装在口袋里。我还曾经在一个草窝里捡过一颗鸡蛋，如获至宝，拿回来高兴了半天。那时间能安我的心的，就是那一条板的闲书了。这是我收集来的，用条板整整齐齐放在楼顶上的，劳动回来就爬上去读；劳动了，就抽掉去楼上的梯子。父亲瞧我这样，就要转过身去悄悄抹泪。

　　忘不了的，是那年冬天，我突然爱上村里一个姑娘，她长得极黑，但眉眼里面楚楚动人。我也说不清为什么就爱她？但一见到她就心情愉快，不见她就蔫得霜杀一样。她家门口有一株桑树，常常假装看桑葚，偷眼瞧她在家没有？但这爱情，几乎是单相思，我并不知道她爱我不爱，只觉得真能被她爱，那是我的幸福；我能爱别人，那也是同样幸福。我盼望能有一天，让我来承担为其双亲送终，让我来负担他们全家七八口人的吃喝，总之，能为她出力即使变一只为她家捕鼠的猫看家的狗也无上欢愉！但我不敢将这心思告诉她，因为转弯抹角她还算作是我门里的亲戚，她老老实实该叫我为"叔"；再者，家庭的阴影压迫着我，我岂能说破一句话出来？我偷偷地在心里养育这份情爱，一直到了她出嫁于别人了，我才停止了每晚在她家门前溜达的习惯。但那种钟情于她的心一直伴随着我度过了我在乡间生活的第十九个年头。

十九岁的四月的最末一天，我离开了商山，走出了秦岭，到了西安城南的西北大学求学。这是我人生中最翻天覆地的一次突变，从此由一个农民摇身一变成城里人。城里的生活令我神往，我知道我今生要干些什么事情，必须先到城里去。但是，等待着我的城里的生活又将是什么样呢？人那么多的世界有我立脚的地方吗？能使我从此再不感到孤独和寂寞吗？这一切皆是一个谜！但我还是走了，看着年老多病的父母送我到车站，泪水婆婆地叮咛这叮咛那，我转过头去一阵迅跑，眼泪也两颗三颗地掉了下来。

从棣花到西安

　　秦岭的南边有棣花，秦岭的北边是西安，路在秦岭上约三百里。世上的大虫是虎，长虫是蛇，人实在是个走虫。几十年里，我在棣花和西安生活着，也写作着，这条路就反复往返。

　　父亲告诉过我，他十多岁去西安求学，是步行的，得走七天，一路上随处都能看见破坏的草鞋。他原以为三伏天了，石头烫得要咬手，后来才知道三九天的石头也咬手，不敢摸，一摸皮就粘上了。到我去西安上学的时候，有了公路，一个县可以每天通一趟班车，买票却十分难场，要头一天从棣花赶去县城，成夜在车站排队购买。班车的窗子玻璃从来没有完整过，夏天里还能受，冬天里风刮进来，无数的刀子在空中舞，把火车头帽子的两个帽耳拉下来系好，哈出的气就变成霜，帽檐是白的，眉毛也是白的。时速至多是四十里吧，吭吭唧唧在盘山路上摇晃，头就发昏，不一会儿有人晕车。前边的人趴在窗口呕吐，风把脏物又吹到后边窗里，前后便开始叫骂。司机吼一声：甭出声！大家明白夫和妻是荣辱关系，乘客和司机却是生死关系，出声会影响司

机的，立即全不说话。路太窄太陡了，冰又瓷溜溜的，车要数次
地停下来，不是需要挂防滑链，就是出了故障。司机爬到车底
下，仰面躺着，露出两条腿来。到了秦岭主峰下，那个地方叫黑
龙口，是解手和吃饭的固定点。穿着棉袄棉裤的乘客，一直是插
萝卜一样挤在一起，要下车就都浑身麻木，必须揉腿。我才搬起
一条腿来，旁边人说：那是我的腿。我就说：我那腿呢？我那腿
呢？感觉我没了腿。一直挨到天黑，车才能进西安，从车顶上卸
下行李了，所有人都在说：嗨，今日顺利！因为常有车在秦岭上
翻了，死了的人在沟里冻硬，用不着抬，像捐椽一样捐上来。即
使自己坐的车没有翻，前边的车出了事故，或者塌方了，那就得
在山里没吃没喝冻一夜。

　　二十世纪九十年代初，这条公路改造了，不再是沙土路，铺
了柏油，而且很宽，车和车相会没有减速停下，灯眨一下眼就过
去了。过去车少，麦收天沿村庄的公路上，农民都把割下的麦子
摊着让碾，狗也跟着撵。改造后的路不准摊麦了，车经过唰的一
声，路边的废纸就扇得贴在屋墙上，半会儿落不下。狼越来越少
了，连野兔也没了，车却黑日白日不停息。各个路边的村子都死
过人，是望着车还远着，才穿过路一半，车却瞬间过来轧住了。
棣花几年里有五个人被轧死，村人说这是祭路哩，大工程都要用
人祭哩。以前棣花有两三个司机，在县运输公司开班车，体面荣
耀。他们把车停在路边，提了酒和肉回家，那毛领棉大衣不穿，
披上，风张着好像要上天。沿途的人见了都给笑脸，问候你回来

啦？所有人猫腰跟着，偷声换气地乞求明日能不能捎一个人去省城。可现在，公路上啥车都有，连棣花也有人买了私家车，才知道驾驶很容易的，几乎只要是个狗，爬上车都能开。那一年，我父亲的坟地选在公路边。母亲说离公路近，太吵吧。风水先生说：这可是好穴哇，坟前讲究要有水，你瞧，公路现在就是一条大河啊！

我每年十几次从西安到棣花，路经蓝关，就可怜了那个韩愈，他当年是"雪拥蓝关马不前"呀，便觉得我很幸福，坐车三个半小时就到了。

过了二〇〇〇年，开始修铁路。棣花人听说过火车，没见过火车，通车的那天，各家在通知着外村的亲戚都来，热闹得像过会。中午时分，铁路西边人山人海，火车刚一过来，一人喊：来了——所有人就像喊欢迎的口号：来了来了！等火车开过去了，一人喊：走了——所有人又在喊口号：走了走了！但他们不走，还在敲锣打鼓。十天后我回棣花，邻居的一个老汉神秘地给我说：你知道火车过棣花说什么话吗？我说：说什么话？他就学着火车的响声，说：棣花——不穷！不穷！不穷不穷，不穷不穷！我大笑，他也笑，他嘴里的牙脱落了，装了假牙，假牙床子就笑了出来。

有了火车，我却没有坐火车回过棣花，因为火车开通不久，一条高速路就开始修。那可是八车道的路面呀，洁净得能晾了凉粉。村里人把这条路叫金路，传说着那是一捆子一捆子人民币铺过来的，惊叹着国家咋有这么多钱啊！每到黄昏，村后的铁路上过火车，拉着的货物像一连串的山头在移动。村人有的在唱秦腔，有的在门口咿咿呀呀拉胡琴，火车的鸣笛不是音乐，可一鸣笛把什么乐响都淹没了。火车过后，总有三五一伙端着老碗一边吃一边看村前的高速路，过来的车都是白光，过去的车都是红光，两条光就那么相对地奔流。他们遗憾的是高速路不能横穿，而谁家狗好奇，钻过铁丝网进去，竟迷糊得只顺着路跑，很快就被轧死了，一摊肉泥粘在路上。我第一回走高速路回棣花，没有打盹，头还扭来转去看车窗外的景色。车突然停了，司机说：到了。我说：到了？有些不相信，但我弟就站在老家门口，他正给我笑哩。我看看表，竟然仅个半小时。从此，我更喜欢从西安回棣花了，经常是我给我弟打电话说我回去。我弟问：吃啥呀？我说：面条吧。我弟放下电话开始擀面，擀好面，烧开锅，一碗捞面端上桌了，我正好车停在门口。

在好长时间里，我老认为西安越来越大，像一张大嘴，吞吸着方圆几百里的财富和人才；而乡下，像我的老家棣花，却越来越小。但随着312公路改造后，铁路和高速路的相继修成，城与乡在拉近了，它吞吸去了棣花的好多东西，又呼吐了好多东西给棣花，曾经瘪了的棣花慢慢鼓起了肚子。棣花已经成了旅游点，农家乐小饭馆到处都有，小洋楼一幢一幢盖了，有汽车的人家也多了，甚至荒废了十几年的那条老街重新翻建，一间房价由原来的十几元猛增到上万元。以前西安的人来，皮鞋印子留在门口，舍不得扫。如今西安打一个喷嚏，棣花人就问：咱是不是要感冒啦？他们啥事都知道，啥想法也都有。而我，更勤地从西安到棣花，从棣花到西安。我不再以出生在山里而自卑，车每每经过秦岭，看山峦苍茫，白云弥漫，就要念那首诗：啊，给我个杠杆吧，我会撬动地球。给我一棵树吧，我能把山川变成绿洲。只要你愿意嫁我，咱们就繁衍一个民族。

就在上一个月，又得到一个消息，还有一条铁路要从西安经过棣花，秋季里动工。

六棵树

　　回了一趟老家，发现村子里又少了几种树。我们村在商丹川道是有名的树园子，大约有四十多种树。自从炸药轰开了这个小盆地西边的牛背梁和东边的烽火台，一条一级公路穿过，再接着一条铁路穿过，又接着修起了一条高速公路，我们村子的地盘就不断地被占用。拆了的老院子还可以重盖，而毁去的树，尤其是那些唯一树种的，便再也没有。这如同当年我离开村子时的那些上辈人和那些农具，三十多年里就都消绝了。在巷道口我碰到了一群孩子，我不知道这都是谁家的子孙，问：知道你爷的名字吗？一半回答是知道的，一半回答不知道。再问：知道你姥爷的名字吗？几乎都回答不上来。咳，乡下人最讲究的是传承香火，可孩子们却连爷或姥爷的名字都不知道了。他们已不晓得村子里的四十多种树只剩下了二十多种，再也见不上枸树、槲树、棠棣、栎、桧、柞和银杏木、白皮松了，更没见过纺线车、鞋拔子、捞兜、牛笼嘴、曳绳、连枷、檐簸子。记得小时候我问过父亲，老虎是什么，熊是什么，黄羊和狐狸是什么，父亲就说不上来，一脸的尴尬和茫然。我害怕以后的孩子会不会只知道村里的动物只是老鼠苍蝇和蚊子，村里的树木只是杨树柳树和榆树？所以，就有了想记录那些在三十年间消绝的花草树木、飞禽走兽、农耕用具的欲望。

现在，我先要记的是六棵树。

皂角树。我们的村子分涧上涧下，这棵皂角树就长在涧沿上。树不是很大，似乎老长不大，斜着往涧外，那细碎的叶子时常就落在涧根的泉里。这眼泉用石板箍成三个池子，最高处的池子是饮水，稍低的池子淘米洗菜，下边的池子洗衣服。我小时候喜欢在泉水边玩，娘在那里洗衣服，倒上些草木灰，揉搓一阵子了，抢着棒槌啪啪地捶打。我先是趴在饮水池边看池底的小虾游来游去，然后仰头看皂角树上的皂角。秋天的皂角还是绿的，若摘下来最容易捣烂了去衣服上的垢痂，我就恨我的胳膊短，拿了石子往上掷，企图能打中一个下来。但打不中，皂角树下卧着的狗就一阵咬，秃子便端个碗蹴在门口了。

皂角树属于秃子家的，秃子把皂角树看得很紧。那年月，村人很少有用肥皂的，皂角可以卖钱，五分钱一斤。秃子先是在树根堆了一捆野枣棘，不让人爬上去，但野枣棘很快被谁放火烧了。秃子又在树身上抹屎，臭味在泉边都能闻见，村人一片骂声，秃子才把屎擦了。他在夹皂角的时候，好多人远远站着看，盼望他立脚不稳，从涧上摔下去。他家的狗就是从涧上摔下去过，摔成了跛子，而且从此成了亮鞭。亮鞭非常难看，后腿间吊着那个东西。大家都说秃子也是个亮鞭，所以他已经三十四五了，就是没人给他提亲。

秃子四十一岁上，去深山换苞谷。我们那儿产米，二三月就拿了米去深山换苞谷，一斤米能换三斤苞谷。秃子就认识了那里一个寡妇。寡妇有一个娃，寡妇带着娃就来到了他家。那寡妇后来给人说：他哄了我，说顿顿吃米饭哩，一年到头却喝米角儿粥！

但秃子从此头上一年四季都戴个帽子，村里传出，那寡妇晚上睡觉都不允他卸下帽子。邻居还听到了，寡妇在高潮时就喊：卫东，卫东！村人问过寡妇的儿子：卫东是谁？儿子说是他爹，他爹打猎时火枪炸了，把他爹炸死了。大家就嘲笑秃子，夜夜替卫东干活哩。秃子说：替谁干都行，只要我在干着。

村人先是都不承认寡妇是秃子的媳妇，可那女人大方，摘皂角时看见谁就给谁几个皂角。常常有人在泉里洗衣服，她不言语，站在涧上就扔下两个皂角。秃子为此和女人吵，但女人有了威信，大家叫她的时候，开始说：喂，秃子的媳妇！

秃子的媳妇却害病死了，害的什么病谁也不知道，而秃子常常要到坟上去哭。有一年夏天我回去，晚上一伙人拿了席在麦场上睡，已经是半夜了，听见村后的坡根有哭声。我说：谁哭呢？大家说：秃子又想媳妇了。

又过了两年，我再一次回去，发觉皂角树没了，问村人，村人说：砍了。二婶告诉我，秃子死了媳妇后，和媳妇的那个儿子合不来，儿子出外再没有音讯，秃子一下子衰老了，五十多岁的人看上去有七十岁。他不戴帽子了，头上的疤红得像烧过的柿子，一天夜里就吊死在皂角树上，皂角落得泉边到处都是。这皂角树在涧上，村人来打水或洗衣服就容易想起秃子吊死的样子，便把皂角树砍了。

药树。药树在法性寺的土崖上，寺殿的大梁上写着清康熙初年重建，药树最少在这里长了三百年。我记事起，法性寺里就没有和尚，是小学校，铃声是敲那口铁铸的钟，每每钟声悠长，我就感觉是从药树上发出来的。药树特别粗，从土崖上斜着往空中长，树皮一片一片像鳞甲，村人称作龙树。那时候我们那儿还没有发现煤，柴火紧张，大一点儿的孩子常常爬上树去扳干枯了的枝条，我爬不上去。但夜里一起风，第二天早晨我就往树下跑，希望树上的那个鸟巢能掉下来，鸟巢是可以做几顿饭的。

药树几乎是我们村的象征，人要问：你是哪儿的？我们说：棣花的。问：棣花哪个村？我们说：药树底下的。

我在寺里读了六年书，每天早晨上完操校长训话，我抬头就看到药树。记得一次校长训话突然提到了药树，说早年陕南游击队在这一带活动，有个共产党员受伤后在寺里养伤住了三年，新中国成立后当了三年专员，因为寺里风水好，有这棵龙树。校长鼓励我们好好学习，将来也成龙变凤。母亲对我希望很大，大年初一早上总是让我去药树下烧香磕头，她说：你要给我考大学！

但是，我连初中还没读完，"文革"就开始了，辍学务农，那时我十四岁。

我回到村里，法性寺小学也没了师生，驻扎了当地很大的一个造反派的指挥部。有了这个指挥部，我们从此没有安宁过，经常是县城过来的另一个造反派的人来攻打，双方就在盆地东边的烽火台上打了几仗。好像是这个造反派的人赢了，结果势力越来越大。忽然有一天，一声爆炸，以为又武斗了，母亲赶紧关了院门，不让我们出去。巷道里有人喊：不是武斗，是炸药树了！等村人赶到寺后的土崖上，药树果然根部被炸药炸开，树干倒下去压塌了学校的后院墙。原来造反派每日有上百人在那里起灶做饭，没有了柴火，就炸了药树。

村里人都傻了眼，但村里人没办法。到了晚上，传出消息，说造反派砍了药树的枝条，而药树树身太粗砍不动也锯不开，正在树上掏洞再用炸药炸。队长就和几位老者在寺里和指挥部的人交涉，希望不要炸树身，结果每家出一百斤柴火把树身保全下来。

树身太大，无法运出寺，就用土掩埋在土崖下。但树的断茬口不停地往出流水，流暗红色的水，把掩埋的土都浸湿了，二爷说那是血水。

村人背地里都在起毒咒：炸药树要遭报应的！果不其然，三个月后，烽火台又武斗了一场，这个造反派的人死了三个，两个就是在药树下点炸药包的人。而"文革"结束后，清理阶级队伍，两个造反派的武斗总指挥都被枪毙了。

我离开村子的那年，村人把药树挖出来，解成了板，这些板做了桥板就架设在村前的丹江上。

楸树。高达二十米，叶子呈三角形，叶边有锯齿，花冠白色。楸树的木质并不坚实，有点像杨树。这棵树在刘新来家的屋后，但树却属于李书富家。刘新来家和李书富家是隔壁，但李书富家地势高，刘新来家地势低，屋后的阳沟里老是湿津津的，很少有人去过。楸树占的地方窄狭，就顺着涧根往高里长，枝叶高过了涧畔。刘家人丁不旺，几辈单传，到了刘新来手里，他在外地工作，老婆和儿子在家，儿子就患了心脏病，一年四季嘴唇发青。阴阳先生说楸树吸了刘家精气，刘新来要求李书富能把楸树伐了，李书富不同意，刘新来说给你二百元钱把树伐了，李书富还是不同意。

刘新来的老婆带了儿子去了刘新来的单位，一去三年没有回来。那时候我和弟弟提了笼子拾柴火，就钻进刘家屋后砍涧壁上的荆棘，也砍过楸树根。楸树根像蛇一样爬在涧壁上，砍一截下来，根就冒白水，很快颜色发黑，稠得像胶。我们趴在院门缝往里看，院子里蒿草没了台阶，堂屋的门框上结个大蜘蛛网，如同挂了个筛子。

李书富在秋后打核桃的时候从树上掉下来，把脊梁跌断了，卧床了三年，临死前给老伴说：用楸树解板给我做棺材。他儿子在西安打工，探病回来就伐倒了楸树。伐楸树费了劲，是一截一截锯断用绳吊着抬出来，解成了板。李书富一死，儿子却没有用揪树板给他爹做棺材，只是将家里一个老式板柜锯了腿，将爹装进去埋了。埋了爹，儿子又进城打工了。李书富的老伴还留在家里，对人说：儿子在城里找了个对象，这些木板留着做结婚家具呀。我也要进城呀，但我必须给他爹过了百天，百天里这些木板也就干了。

百天过后，李书富的儿子果然回来接走了老娘，也拉走了揪木板。而这一天，刘新来家的堂屋倒塌了。

香椿。村里原来有许多椿树，我家茅坑边就有一棵，但都是臭椿，香椿只有一棵。这一棵长在莲叶池边的独院里，院里住着泥水匠，泥水匠常年在外揽活，他老婆年龄小得多，嫩面俊俏。每年春天，大家从墙外经过，就拿眼盯着香椿的叶子发生。

男人们都说香椿好，前院的三婶就骂：不是香椿好，是人家的老婆好！于是她大肆攻击那老婆，说人家走路水上漂是因为泥水匠挣了钱给买了一双白胶底鞋，说人家奶大是衣服里塞了棉花，而且不会生男娃，不会生男娃算什么好女人？

三婶有一个嗜好，爱吃芫荽。她在院子里种了案板大一片芫荽，每一顿饭，她掐几片芫荽叶子切碎了搅在饭碗里。我们总闻不惯芫荽的怪气味，还是说香椿好，香椿炒鸡蛋是世上最好的吃食。

社教的时候，村里重新划阶级成分。泥水匠原来的成分是中农，但村人说泥水匠的爹在新中国成立前卖掉了十亩地，他是逮住要解放的风声才卖的地，他应该是漏划的地主，结果泥水匠家就定为地主成分。是地主成分就得抄家，抄家的那天村人几乎都去搬东西，五根子板柜抬到村饲养室给牛装了饲料，八仙桌成了生产队办公室的会议桌。那些盆盆罐罐都被砸了，院子里的花草被踏了。三婶用镰割断了那爬满院墙的紫藤萝，又去割那棵香椿；割不动，拿斧头砍，就把香椿树砍倒了。

从此村里只有臭椿。臭椿老生一种椿虫，逮住了，手上留一股臭味，像狐臭一样难闻。

苦楝树。苦楝树能长得非常高大，但枝叶稀疏，秋天里就结一种果，指头蛋儿大。果把儿很老，一兜一兜地在风里摇曳，一直到腊月天还不脱落。

先前村里有过三棵苦楝树。一棵在村口的戏楼旁，戏楼倒塌的时候这树莫名其妙也死了。另一棵在涧上的一块场地上，村长的儿子要盖新院子，村长通融了乡政府，这场地就批给了村长的儿子做庄宅地。而且场地要盖新院子，就得伐了苦楝树，这棵苦楝树产权属于集体，又以最便宜的价处理给了村长的儿子。这事村人意见很大，但也只能背后说说而已，人家用这棵苦楝树做了担子，新房上梁的时候大家又都去帮忙，拿了礼，燃放鞭炮。

最后的一棵苦楝树在村西头，树下是大青石碾盘。碾盘和石磨称作青龙白虎，村西头地势高，对着南头山岭的一个沟口，碾盘安在那儿是老祖先按风水设计的。碾盘旁边是雷家的院子，住着一个孤寡老人。我写完《怀念狼》那本书后回去过一次，见到那老汉，他给我讲了他爷爷的事。他小时候和他娘睡在上屋，上屋的窗外就是苦楝树和碾盘，夏天里他爷爷就睡在碾盘上。那时狼多，常到村里来吃鸡叼猪，有一夜他听见爷爷在碾盘上说话，掀窗看时，一只狼就卧在碾盘下。狼尾巴很大，直身坐着，用前爪不断地逗弄他爷爷。他爷爷说：你走，你走，我一身干骨头。狼后来起身就走了。我觉得这个细节很好，遗憾《怀念狼》没用上。

这棵苦楝树是最大的一棵苦楝树，因为在碾盘旁可以遮风挡雨，谁也没想过砍伐它。小时候我们在碾盘上玩抓石子，苦楝蛋儿就时不时掉下来，砰，一颗掉下来，在碾盘上跳几跳；砰，又掉下来一颗。述君和我们玩时一输，他力气大，就用脚踹苦楝树，苦楝蛋儿便下冰雹一样落下来。

苦楝蛋儿很苦，是一味药，邻村的郎中每年要来捡几次。后来苦楝树被人用斧头砍了一次，留下个疤，谁也不知道是谁砍的。不久姓王那家的小女儿突然死了，村里传言那小女儿还不到结婚年龄却怀了孕，她听别人说喝苦楝蛋儿熬出的水可以堕胎，结果把命丢了。于是大家就怀疑是姓王的来砍了树。

一级公路经过我们村北边，高速公路经过的是村前的水田，但高速公路要修一条连接一级公路的辅道，正好经过村西头，孤寡老人的院子就拆了，碾盘早废弃了多年，当然苦楝树也就伐了。老院子给补贴了两万元，碾盘一分钱也没赔，苦楝树赔了三千元，村人家家有份，每户分到一百元。

这次回去，我见到了那个郎中，他已经是老郎中了，再来捡苦楝蛋时没有了苦楝树，他给我扬扬手，苦笑着，却一句话都没有说。

痒痒树。这棵痒痒树是我们村独有的一棵痒痒树，也可以说是我们那儿方圆十里内独有的树。树在永娃家的院子里，是他爷爷年轻时去山阳县，从那儿带回来移栽的。树几十年长得有茶缸粗，树梢平过屋檐。树身上也是脱皮，像药树一样，但颜色始终灰白。因为这棵树和别的树不一样，村人凡是到永娃家来，都要用手搔一搔树根，看树梢颤颤巍巍地晃动。

树和人在一起时间长了，不是树影响了人，就是人影响了树。五魁家的院墙塌了一面，他没钱买砖补修，就栽了一排铁匠蛋树。这种树浑身长刺，但一般长刺都是软刺。五魁性情暴戾，铁匠蛋树长的刺就非常硬，人不能钻进去，猫儿狗儿也钻不进去。痒痒树长在永娃家的院子里，永娃的脾气也变了，竟然见人害羞，而且胆小。当一级公路改造时，原来老路从村后坡根经过，改造后却要向南移，占几十亩耕地，村人就去施工地闹事，永娃也参加了。但那次闹事被公安局来人强行压服，事后又要追究闹事人责任，别人还都没什么，永娃就吓得生病了，病后从此身上生了牛皮癣。他再没穿过短裤短袖，据说每天晚上让老婆用筷子给他刮身子，刮下屑皮就一大把。村人都说这病是痒痒树栽在院子里的缘故，他也成了痒痒树。他的儿子要砍痒痒树，他不同意，说，既然我是人肉痒痒树，你把树一砍，我不也就死了。他儿子也就不敢砍了。

前三年的春上，西安城里来了人，在村里寻着买树，听说了永娃家院子里有痒痒树，就来看了要买。永娃还是不舍得，那伙人就买了村里十二棵柴槐树，三棵桂花树。永娃的儿子后来打听了这是西安一个买树公司，他们专门在乡下买树，然后再卖给城里的房地产开发商，移栽到一些豪华别墅里，从中牟利。永娃的儿子就寻着那伙人，同意卖痒痒树，说好价钱是一千元；几经讨价还价，最后以五百元成交。但条件是必须由永娃的儿子来挖，方圆带一米的土挖出。永娃的儿子那天将永娃哄说去了他舅家，然后挖树卖了；等永娃回来，院子里一个大深坑，没树了，永娃气得昏了过去。

永娃是那年腊八节去世的。

去年，永娃的儿媳妇患了胆结石来西安做手术，那儿子来看我，我问那棵痒痒树卖给了哪家公司，他说是神绿公司，树又卖给一个尚德别墅区。他爹去世前非要叫他去看看那棵树，他去看了，但树没栽活。

棣花

　　无论如何我是该写写棣花这个地方了，商州的人，或许是常出门的，或许一辈子没有走出过门前的大山，但是，棣花却是知道的。棣花之所以出名，有各种各样的说法。文人界的，都知道那里出过商川唯一的举人韩玄子。韩玄子当年文才如何，现无据可查，但举人的第八代子孙仍还健在，民国初年就以画虎闻名全州，至今各县一些老户人家，中堂之上都挂有他的作品，或立于莽林咆哮，或卧于石下眈眈。现因手颤不能作画，民间却流传他当年作虎时，先要铺好宣纸，蘸好笔墨，便蒙头大睡。一觉醒来，将笔在口中抹着，突然脸色大变，凶恶异常，猛扑上去，唰唰唰唰唰，眨眼便在纸上跳出一只兽中王来。拳脚行的，却都知道那里出过一个厉害角色，身不高四尺，头小，手小，脚小，却应了"小五全"之相术，自幼习得少林武功。他的徒弟各县都有，便流传着他的神乎其神举动，说是他从不关门，从不被贼偷，冬夏以坐为睡。有一年两个人不服他，趁他在河边沙地里午休，一齐扑上，一人压头，一人以手抠住肛门，想扼翻在地。他醒来只一弓，跳了起来，将一人撞出一丈二远，当场折了一根肋骨；将一人的手夹在肛门，弓腰在沙地上走了一圈，猛一放松，那人后退三步跌倒，中指已夹得没了皮肉。所以，懂得这行的人，不管走多么远，若和人斗打，只要说声："我怕了你小子，老子是棣花出来的！"对手就再也不敢动弹了。一个大画笔、一个硬拳脚为世人皆知，但那些小商小贩知道棣花的，倒是棣花的集市：棣花的集市与别处不同，每七天一次，早晨七点钟人便涌集，一直到晚上十点人群不散。中午太阳端的时辰，达到高潮，那人如要把棣花街挤破一般。西至商县的孝义、夜村、白杨店、沙河子，北上许家庄、油坊沟、苗沟，南到两岔河、谢沟、巫山眉，东到茶坊、两岭、双堡子；百十里方圆，人物、货物，都集中到这里买卖交易。所以棣花的好多人家都开有饭店、旅馆，甚至有的人家在大路畔竟连修三个厕所；也有的三家、四家合作，在棣花街前的河面上架起木桥，过桥者一次二分，一天可收入上百元哩。

其实，棣花并不是个县城，也不是个区镇，仅仅是个十六个小队的大队而已。它装在一个山的盆盆里，盆一半是河，一半是塬。村庄分散，却极规律，组成三二二队形，河边的一片呈带状，东是东街村，西是西街村，中是正街。一条街道又向两边延伸，西可通雷家坡，东可通石板沟，出现一个弓形；而长坪公路就从塬上通过，正好是弓上弦。面对西街村的河对面的山上，有一奇景，人称"松中藏月"，那月并不是月，是山峰，两边高，中间低，宛若一柄下弦月，而月内长满青松，尽一搂粗细，棵棵并排，距离相等，可以从树缝看出山峰低洼线和山那边的云天。而东街村前，却是一个大场，北是两座大庙，南是戏楼，青条石砌起，雕木翘檐，戏台高地二丈，场面不大，音响效果极好。就在东西二街靠近正街的交界处，各从塬根流出一泉，称为"二龙戏珠"，其水冬不枯，夏不溢，甘甜清冽，供全棣花人吃、喝、洗、涮。泉水流下，注入正街后上百亩的池塘之中，这就是有名的荷花塘了。

这地方自出了韩举人、李拳脚之后，便普遍重文崇武。男人都长得白白净净，武而不粗，文而不酸；女人皆有水色，要么雍容丰满，要么素净苗条，绝无粗短黑红和枯瘦干瘪之相。直至今日，这里在外工作的人很多，号称"干部归了窝儿"的地方；这些人脚走天南海北，眼观四面八方，但年年春节回家，相互谈起来，口气是一致的：还是咱棣花这地方好！

因为地方太好了，人就格外得意。春节里他们利用一年一度的休假日，尽情寻着快活，举办各类娱乐活动；或锣鼓不停，或鞭炮不绝，或酒席不散。远近人以棣花人乐而赶来取乐，棣花人以远近人赶来乐而更乐，真可谓家乡山水乐于心，而落于锣鼓、鞭炮、酒肉也！

一到腊月，二十三日是小年，晚上家家烙烧饼，那戏楼上便开戏了，看戏的涌满了场子；孩子们都高高爬在大场四周的杨柳树上，或庙宇的屋脊上。夏天里、秋天里收获的麦秸堆、谷秆堆，七个八个地堆在东西场边，人们就搭着梯子上去，将草埋住身子，一边取暖，一边看戏，常常就瞌睡了，一觉醒来，满天星斗，遍地银霜，戏不知什么时候早就散了。戏是老戏，演员却是本地人，每一个角色出来，下边就啾啾讨论。这是谁家的儿子，好一表人才；这是谁家的媳妇，扮啥像啥；这是谁家的公公，儿子孙子都一大堆了，还抬脚动手地在台上蹦跳。最有名的是正街后巷的冬生，他已经四十，每每却扮着二八女郎，那扮相、身段、唱腔都极妙；每年冬天，戏班子就是他组织的。可惜他没有中指，演到怒指奴才的时候，只是用二拇指来指，下边就说：

"瞧那指头，像个锥子！"

"知道吗？他老婆说他男不男、女不女的，不让他演，打起来，让老婆咬的。"

"噢，不是说他害了病了吗？"

"他不唱戏就害病。"

还有一个三十岁演小丑的，在台下说话结结巴巴，可一上台，口齿却十分流利，这免不了叫台下人惊奇。但使人看不上的是他兼报节目，却总要学着普通话，因为说得十分生硬，人称"醋熘普通话"；他一报幕，下边就笑，有人在骂：

"呀，又听洋腔了！"

"醋熘，醋熘。"

"真是难听死了！"

"哼，红薯把他吃得变种了！"

虽然就是这样一些演员，但戏演得确实不错，戏本都是常年演的，台上一唱，台下就有人跟着哼；台上当忘了词儿，或走了调儿，台下就呜呜地叫。有时演到热闹处，台下就都往前挤，你挤我，我挤我，脚扎根不动，身子如风中草。那些小孩儿们涌在戏台两边，来了就赶，赶了又来，如苍蝇一样讨厌。这样，就出了一个叫关印的人，他脑子迟钝，却一身力气，最爱热闹，戏班就专让他维持秩序。他受到重用，十分卖力，就手持谷秆，哪儿人挤，哪儿抽打，哪儿秩序就安静下来。这戏从二十三一直演到正月十六，关印就执勤二十三天。

到了正月初一，早晨起来吃了大肉水饺，各小队就忙着收拾扮社火了。十六个小队，每队扮二至三台，谁也不能重复谁，一切都在悄悄进行，严加守密。只是锣鼓家伙什一村敲起，村村应和；鼓是牛皮苦鼓，大如蒲篮；铜锣如筛，重十八斤，需两人抬着来敲；出奇的是那社火号杆长三尺，不好吹响，一村最多仅一两人能吹。中午十二点一过，大塬上的钟楼上五十吨的铁铸大钟被三个人用榔头撞响，十六个小队就抬出社火在正街集中，然后由西到东，在大场上绕转三匝；然后再由东到西，上坡，到雷家坡，再到石板沟，后返回正街。那社火被人山人海拥着，排在一起，各显出千秋。别处的社火一般都是平台，在一张桌上布了单子，围了花树，三四个小孩扮成历史人物站在上边，桌子四边绑了长椽，八人抬着过市；而单子里边，桌子之下，往往要吊半个磨扇，以防桌子翻倒。而棣花的社火则从不系吊磨扇，也从看不上平台，都以铁打了芯子，做出玄而又玄的造型。当然，十六个队年年出众的是西街村，而号角吹得最响最长的是贾塬村。东街村年年比不过西街村，这年腊月就重新打芯子，合计新花样，做出一台"哪吒出世"：下边是三张偌大的荷叶，一枝莲茎，一指粗细，直愣愣、颤巍巍长五尺有二，上是一朵白中泛红的盛开荷花，花中坐一小孩，做哪吒模样。一抬出，人人喝彩，大叫："今年要夺魁了！"抬到正街，西街的就迎面过来，一看人家，又逊眼了。过来的是"孙悟空三打白骨精"：那大圣高出桌面一丈，一脚凌空前翘，一脚后蹬，做腾云驾雾状；那金箍棒握在手中，棒头用尼龙绳空悬白骨精；那妖怪竟是不满一岁的婴儿所扮，抬起一走动，那婴儿就摇晃不已。人们全涌过去狂喊："盖帽了！"东街的便又抬出第二台，是"游龟山"：一条彩船，首坐田玉川，尾站胡凤莲，船不断打转，如在水中起伏。西街的也涌出第二台，则是"李清照荡秋千"：一架秋千，一女孩在上不断蹬荡。自然西街的又取胜了，东街的就小声叫骂："西街今年是什么人出的主意？"

"还是韩家第八！"

"这老不死！来贵呢？"

叫来贵的知道什么意思，忙回去化妆小丑，在一条做好的木椽大龙头上坐了，怀抱一个喷雾器，被四五人抬着，哪儿人多，哪儿去要，龙头猛地向东一抛，猛地向西一抛，来贵就将怀中喷雾器中的水喷出来，惹得一片笑声。接着雷家坡的屋檐高的高跷队，后塬的狮子队，正街的竹马队，浩浩荡荡，来回闹着跑。每一次经过正街，沿街的单位就鞭炮齐鸣；若在某一家门前热闹，这叫"轰庄子"，最为吉庆，主人就少不了拿出一条好烟，再将一截三尺长的红绸子布缠在狮子头上、龙首上或社火上的孩子身上，耍闹人就斜叼着纸烟，热闹得更起劲了。

大凡这个时候，最活跃的是青年男女；这几天女儿们如何疯张，大人们一般不管。他们就三三两两的一边看社火，一边直瞅着人窝中的中意的人，有暗中察访的，有叫同伴偷偷相看的，也常有三三两两的男女就跑到河边树林子里去了。

棣花就是这样的地方，山美，水美，人美。所以棣花的姑娘从不愿嫁到外地，外地的姑娘千方百计要嫁到棣花，小伙子就从没有过到了二十六岁没有成家的了。农民辛辛苦苦劳动，一年复一年，一月复一月。但辛苦得乐哉，寿命便长，大都三世同堂。人称"人活七十古来稀"，但十六个小队，队队都有百岁老人。

生活一种——答友人书

院再小也要栽柳，柳必垂。晓起推窗如见仙人曳裙侍立，月升中天，又是仙人临镜梳发；蓬屋常伴仙人，不以门前未留小车辙印而憾。能明灭萤火，能观风行。三月生绒花，数朵过墙头，好静收过路女儿争捉之笑。

吃酒只备小盅，小盅浅醉，能推开人事、生计、狗咬、索账之恼。能行乐，吟东坡"吾上可陪玉皇大帝，下可以陪卑田院乞儿"，以残墙补远山，以水盆盛太阳，敲之熟铜声。能嘿嘿笑，笑到无声时已袒胸睡卧柳下，小儿知趣，待半小时后以唾液蘸其双乳，凉透心臆即醒，自不误了上班。

出游踏无名山水，省却门票，不看人亦不被人看。脚往哪儿，路往哪儿，喜瞧巉岩钩心斗角，倾听风前鸟叫声硬。云在山头，登上山头云却更远了。遂吸清新空气，意尽而归。归来自有文章作，不会与他人同，既可再次意游，又可赚几个稿费，补回那一双龙须草鞋钱。

读闲杂书，不必规矩，坐也可，站也可，卧也可。偶向墙根，水蚀斑驳，瞥一点而逮形象，即与书中人、物合，愈看愈肖。或听室外黄鹂，莺莺恰恰能辨鸟语。

与人交，淡，淡至无味，而观知极味人。可邀来者游华山"朽朽桥头"，敢亡命过之将"××到此一游"书于桥那边崖上，不可近交。不爱惜自己性命焉能爱人？可暗示一女子寄求爱信，立即复函意欲去偷鸡摸狗者不交。接信不复冷若冰霜者亦不交，心没同情岂有真心？门前冷落，恰好，能植竹看风行，能养菊赏瘦，能识雀爪文。七月长夏睡翻身觉，醒来能知"知了"声了之时。

养生不养猫，猫狐媚。不养蛐蛐儿，蛐蛐儿斗殴残忍。可养蜘蛛，清晨见一丝斜挂檐前不必挑，明日便有纵横交错，复明日则网精美如妇人发罩。出门望天，天有经纬而自检行为，潮露落雨后出日，银珠满缀，齐放光芒，一个太阳生无数太阳。墙角有旧网亦不必扫，让灰尘蒙落，日久绳粗，如老树盘根，可作立体壁画；读传统，读现代，常读常新。

要日记，就记梦。梦醒夜半，不可睁目，慢慢坐起回忆静伏入睡，梦复续之。梦如前世生活，或行善，或凶杀，或作乐，或受苦，记其迹体验心境以察现实，以我观我而我自知，自知乃于嚣烦尘世则自立。

出门挂锁，锁宜旧，旧锁能避蟊贼破损门；屋中箱柜可在锁孔插上钥匙，贼来能保全箱柜完好。

酒

　　我在城里工作后，父亲便没有来过，他从学校退休在家，一直照管着我的小女儿。从来我的作品没有给他寄过，姨前年来，问我是不是写过一个中篇，说父亲听别人说过；曾去县上几个书店、邮局跑了半天去买，但没有买到。我听了很伤感，以后写了东西，就寄他一份，他每每又寄还给我，上边用笔批了密密麻麻的字。给我的信上说，他很想来一趟，因为小女儿已经满地跑了，害怕离我们太久，将来会生疏的。但是，一年过去了，他却未来，只是每一月寄一张小女儿的照片，叮咛好好写作，说："你正是干事的时候，就努力干吧，农民扬场趁风也要多扬几锨呢！但听说你喝酒厉害，这毛病要不得，我知道这全是我没给你树个好样子，我现在也不喝酒了。"接到信，我十分羞愧，便发誓再也不去喝酒，回信让他和小女儿一定来城里住，好好孝顺他老人家一些日子。

　　但是，没过多久，我惹出一些事来，我的作品在报刊上引起了争论。争论本是正常的事，复杂的社会上却有不正常的看法，随即发展到作品之外的一些闹哄哄的什么风声雨声都有。我很苦恼，也更胆怯，像乡下人担了鸡蛋进城，人窝里前防后挡，唯恐被撞翻了担子。茫然中，便觉得不该让父亲来，但是，还未等我再回信，在一个雨天他却抱孩子搭车来了。

老人显得很瘦，那双曾患过白内障的眼睛，越发比先前滞呆。一见面，我有点惶恐，他看了看我，就放下小女儿，指着我让叫爸爸。小女儿斜头看我，怯怯地刚走到我面前，突然转身又扑到父亲的怀里，父亲就笑了，说："你瞧瞧，她真生疏了，我能不来吗？"

父亲住下了，我们睡在西边房子，他睡在东边房子。小女儿慢慢和我们亲热起来，但夜里却还是要父亲搂着去睡。我叮咛爱人，什么也不要告诉父亲，一下班回来，就笑着和他说话。他也很高兴，总是说着小女儿的可爱，逗着小女儿做好多本事给我们看。一到晚上，家里来人很多，都来谈社会上的风言风语，谈报刊上连续发表批评我的文章，我就关了西边门，让他们小声点；父亲一进来，我们就住了口。可我心里毕竟是乱的，虽然总笑着脸和父亲说话，小女儿有些吵闹了，就忍不住斥责，又常常动手去打屁股。这时候，父亲就过来抱了孩子，说孩子太嫩，怎么能打，越打越会生分，哄着到东边房子去了。我独自坐一会儿，觉得自己不对，又不想给父亲解释，便过去看他们。一推门，父亲在那里悄悄流泪，赶忙装着眼花了，揉了揉，和我说话，我心里愈发难受了。

　　从此，我下班回来，父亲就让我和小女儿多玩一玩，说再过一些日子，他和孩子就该回去了。但是，夜里来的人很多，人一来，他就又抱了孩子到东边房子去了。这个星期天，一早起来，父亲就写了一个条子贴在门上："今日人不在家。"要一家人到郊外的田野里去逛逛。到了田野，他拉着小女儿跑，让叫我们爸爸，妈妈。后来，他说去给孩子买些糖果，就到远远的商店去了。好长的时间，他回来了，腰里鼓囊囊的，先掏出一包糖来，给了小女儿一把，剩下的交给我爱人，让她们到一边去玩。又让我坐下，在怀里掏着，是一瓶酒，还有一包酱羊肉。我很纳闷：父亲早已不喝酒了，又反对我喝酒，现在怎么买了酒来？他使劲用牙起开了瓶盖，说：

　　"平儿，我们喝些酒吧，我有话要给你说呢。你一直在瞒着我，但我什么都知道了。我原来是不这么快来的，可我听人说你犯了错误了，不知道到底是什么情况，怕你没有经过事，才来看看你。报纸上的文章，我前天在街上在报栏里看到了，我觉得那没有多大的事。你太顺利了，不来几次挫折，你不会有大出息呢！当然，没事咱不寻事，出了事但不要怕事；别人怎么说，你心里要有个主见。人生是三劫四劫过的，哪能一直走平路？搞你们这行事，你才踏上步，你要安心当一生的事儿干了，就不要被一时的得所迷惑，也不要被一时的失所迷惘。这就是我给你说的，今日喝喝酒，把那些烦闷都解了去吧。来，你喝喝，我也要喝的。"

他先喝了一口，立即脸色通红，皮肉抽搐着，终于咽下了，嘴便张开往外哈着气。那不能喝酒却硬要喝的表情，使我手颤着接不住他递过来的酒瓶，眼泪唰唰地流下来了。

喝了半瓶酒，然后一家人在田野里尽情地玩着，一直到天黑才回去。父亲又住了几天，他便带着小女儿回乡下去了。但那半瓶酒，我再没有喝，放在书桌上，常常看着它，从此再没有了什么烦闷，也没有从此沉沦下去。

独自

艰艰难难地爬到十楼上去，想象着打开办公室的后门，没骨没筋的一堆身子的肉丢在沙发里，燃一支烟，深深地往腔中吸，再悠悠地吐出唇外。暖和的阳光从窗子半照了膀子，看一只幽灵似的蜜蜂在那盆仙人球新开的嫩花上盘旋，梦着这没有电梯的高空住宅，人应该有一双能装能卸能折叠于口袋的翅膀。但是，气喘吁吁地来到办公室门口了，方记得开门的钥匙还在楼下；当注目一个漂亮女子而大受她回视一笑的幸福，自行车忘记了锁。开门的钥匙同开车的钥匙拴在一起，正占据了车锁眼吧？

天生的不是倾国倾城的貌，却有多愁多病的身，多么想参加体育运动。但运动会是一种比赛，是畸形人对金牌的追逐；他们做残酷的训练，服用高效的刺激药剂。可怜的 D，风中旗子一样的人物，拎着一堆金牌回来了。他说他的同伴，有的高得一走三摆，有的青年了还是少年的发育，有的伤残在赛场，有的在赛场猝然长逝。他是最幸运的，安全归来，却终日煎起了药罐。于是这世上孱弱而长寿者，他们的健身之道倒是：不参加任何体育运动。

累其身骨，劳其心志，终算挣出个"名人"。"名人"的家门一天到晚地被敲响着；自己不得安静，左邻右舍也鸡犬不宁。病倒了，探视的人挺多，说："你要多休息！"一个人这么说了，另一个接踵而来的也这么说。"名人"哪有空余休息？"名人"想，今日来亲善的是这些人，某一日凶恶的也是这些人呢！遂在门上写了"出差在外，家中无人，请勿敲门"，用的是反空城计，竟把千里之外的老爹也挡回了。正当收到老爹返回后寄来的信懊丧不已，匆匆去街上给老人复信，回来门却开了，屋里一片狼藉：贼偷了新领的工资，只好撕了门上字条。

于晚风习习的大街十字路口，与她分手了，一个往西，一个继续往北。只要在自行车上说一声"再见"即可，她即跳下车子，凄凄地立于那儿，还要说出许多话来。她说她的软弱，美丽本是女人的资本，她却受尽了同性的嫉恨和吃不到葡萄的狐狸人的迫害；她哀叹她的处境，预感说可能要遭到别人的诽谤打击，而她的勇气和力量几乎耗尽了。回答的是："不用，危险时候我会保护你的！"这一句话，已使她眼睛明亮，寒夜里瑟瑟作抖的身子稳健起来。她感激着要再送一程，两辆车子在朦胧的街灯下前行。也就在这个时候，一头呼啸的卡车奔来。司机喝醉了，车也在醉，车轮压过来的一瞬，她呼叫着，一脚向外踹倒另一辆自行车，而她被车轮卷去，拖死了。

只知道这一个中国北方最古老的城市，只知道这个城市中一

个最美丽的公园，公园的历史却绝少有人提及。尘封的城志上记载，二十世纪二十年代的时候，一位著名将军领导了一场卫城战争，八个月艰苦的坚守，伤亡了数万军民，城市保住了。生存的市民为了纪念这些烈士，将他们的遗骨集中埋葬在一块荒地中的大坑，清理了乱石，栽植了林木，铲除了杂草，培育了鲜花。一年一年地过去，一年一年营造着这块地方，这地方遂为公园；柳树成荫，鸟语花香，亭台楼阁处处，红男绿女不绝。又是一年一年过去，当新的市民又往公园悠闲之时，幽美的环境使他们惬意，唯一处却觉得刺眼，那楼亭花木中央的一个偌大如小丘的坟茔是那样与四周不和谐，几乎是破坏整个公园的情调了。于是，他们说，夷平这个土丘吧。夷平的黄土堆往哪儿？聪明的人就建议何不运些冥顽怪石就在土丘上造一座假山呢！假山造就了，完满了一个美丽公园最美丽的景致。

上帝啊，我这个由女娲用黄土捏成的人身子，不管怎样的按时洗澡，永远是搓不完的泥垢。三十六年的岁月，耗尽了燃升于头顶的近一半的光焰，我却是这样的困惑。完全的黑暗使我目不能视，完全的光明也使我目不能视。想得的得不到我是多可悲的角色，得到了想得到的我仍是可悲的角色。为什么让我贪图肉体的快感而来完成最繁累的生育劳作，为什么口腔的紧张不息的一呼一吸而人平时从未感觉？辛辛苦苦去种麦子，收获的是比麦粒多得多的麦草；一时了解清楚了身子某一部位，这一部位肯定是病了。雕虫者认作技，太诚者却为奸。我有负人的忏悔，人有负我的报复。大智若愚，大言不美。人生给我的是这么多残缺，生活的艺术如此遗憾，这一切难道是教育我人不仅是一个洋葱头一样有无数层壳的复杂，也同时是满有皱纹的硬壳的核桃要砸开方能见到那如成熟大脑一样的果仁？要我接受着这一切孤独和折磨而来检验我的承受能力以至于在这种严酷的承受中让我获得人生的另一番快愉？！

　　幽幽的寺院里，我似乎听见了僧问法老：古镜如何打磨亮？法老说：古镜不打磨自亮。

手术

　　害了十多年的病，没有挨过刀子，只说病是病，我是我，谁也奈何不了谁。可大话说过不久，刀子就动在肛门上了。有痔疮的日子已久，从未提到议事日程上来——原本是大粪世家嘛，怕什么不卫生？五月初复发的病，用镜子照（第一回委屈了镜子），樱桃般的，感觉里却有核桃大，躺了两天不好。听人说南利亚大夫研制了"一针灵"，就让他看看。他一看便满脸做变：得动手术！我说能不能不割，人体是有风水的。南大夫说，要是"资本主义尾巴"倒不用割的，可现在已成血栓，若再发展，极可能就形成瘘管。瘘管我是见过别人的，痛苦不知道，恶心人却是领教过的。于是便蜷身在手术台上，类如马虾的那种。我说，我不怕的，不怕！可说着，大夫的手摸到哪儿，哪儿的肌肉就颤动。麻醉针扎下去，啊的一声，气都要闭过去了，终于明白这个"醉"字起得并不好，麻醉和酒醉绝对不是一回事……我开始听到刀子的划动声，剪子的铰动声。我咬着牙硬不吭，因为护士是一位年轻漂亮的小姐，又爱好文学，我已经失去了好的形象，不能丢人太深；脑子里就想着赤膊刮骨的关公，想着战场上的勇士，肚子打破了，拖着一地的肠子还往前冲……护士说："别紧张，现在还疼吗？"放松了一下，其实什么也不疼了，真正是头还活着，屁股是"死"了。于是又想，人一上手术台，医生视人就是一头猪了，一堆肉了，文学上讲的看山是山看水是水，看山不是山看水不是水，恐怕是一样的境界。还在作想，大夫说："完了！"我猛地以为是说我完了。他拍拍我的屁股要我站起来，原来手术结束了！十分钟的手术彻底结束了。我看见他眼镜上溅着鲜血，手里拿着黄豆大的瘀血块儿一颗，绿豆大的瘀血块儿五颗，还笑着说："这是你的，你收留不？"如果是蚌里的珍珠我要的，那玩意儿就丢进垃圾桶，而且极度的羞耻感上了脸：那个部位，几十年里，我看不到，别人也未看过，现在大夫知道了，护士也知道，甚至还拍了照片。南大夫是痔瘘病专家，他的诊室四壁，贴满了人的屁股，他取笑着说："把你的是不是也贴上去？你是著名作家，这也是著名屁股嘛！"我当然把照片收藏了，但悲哀我再没有什么隐私了。

对于手术过后，我不能说不疼，疼，而且很疼。这是医学上现在还不能够解决的事。我趴在床上，想人活在世上真有意思，凡是身上的东西没有一处不是重要的。俗话说，人活脸，树活皮，平日把脸看得那么贵重，其实屁股才需要最善待。在它没有病的时候，我们几乎忘记了它的功能；一有了病，才知道做任何事情，比如拿东西、笑、怒、咳嗽，它都在用力。人身上的神经如果是网兜，它就是网兜口。我们习惯了一种思维，总是把世上的事分为高贵和低贱，也习惯了以这种思维对待身上的部位。现在，名呀利呀，声色犬马，一切都不想了，只求得不疼痛，不疼痛就是世上最幸福的人。我生来多病，每生一次病，就如读一本哲学书。在手术疼痛的日子里，我鼓励我的是：长痛不如短痛吧，痛过这正常的痛，我就有一个好的屁股了。甚至还有一种感觉，多年来坎坎坷坷，总是做一件事要带出许多后患，是不是未留后路或不注意疏通后路，入水不想出水；如今疏通了出处，往后一切都要顺当了吧？

人从动物衍变成人的好处是通过劳动而创造了世界；人从动物衍变成人的唯一坏处是人直立了，能坐了，生出痔疮来（走兽是从未有害痔疮的）。但人有痔疮，使人清醒了人生（就像强壮的俊男美女害有痔疮）常常是尴尬和有难言之苦。所以，我倒珍视起了我这次疼痛。以前我写过一篇文章《坐佛》的，这回不能坐了，就卧着吧，不知能不能卧出个佛来。

秃顶

脑袋上的毛如竹鞭乱窜，不是往上长就是往下长，所以秃顶的必然胡须旺。自从新中国的领袖不留胡须后，数十年间再不时兴美髯公，使剃须刀业和牙膏业发达，使香烟业更发达。但秃顶的人越来越多，那些治沙治荒的专家，可以使荒山野滩有了植被，偏偏无法在自己的秃顶上栽活一根发。头发和胡子的矛盾，是该长的不长，不该长的疯长，简直如"四人帮"时期的社会主义的苗和资本主义的草。

我在四年前是满头乌发，并不理会发对于人的重要，甚至感到麻烦。朋友常常要手插进我的发里，说摸一摸有没个鸟蛋。但那个夏天，我的头发开始脱落，早晨起来枕头上总要软软地黏着那么几根，还打趣说：昨儿夜里有女人到我枕上来了？！直到后来洗头，水面上一漂一层，我就紧张了，忙着去看医生，忙着抹生发膏。不济事的。愈是紧张地忙着治，愈是脱落得厉害，终于秃顶了。

我的秃顶不属于空前，也不属于绝后，是中间秃，秃到如一块溜冰场了；四周的发就发干发皱，像一圈铁丝网。而同时，胡须又黑又密又硬，一日不刮就面目全非；头成了脸，脸成了头。

一秃顶，脑袋上的风水就变了，别人看我不是先前的我，我也怯了交际活动。把他的，世界日趋沙漠化，沙漠化到我的头上了，我感到非常自卑。从那时起，我开始仇恨狮子，喜欢起了帽子。但夏天戴帽子，欲盖弥彰，别人原本不注意到我的头偏就让人知道了我是秃顶。那些爱戏谑的朋友往往在人稠广众之中，年轻美貌的姑娘面前，说："还有几根？能否送我一根，日后好拍卖啊！"脑袋不是屁股，可以有衣服包裹，可以有隐私，我索性丑陋就丑陋吧，出门赤着秃顶。没想无奈变成了率真和可爱，而人往往是以可爱才美丽起来。为此半年过去，我的秃顶已不成新闻，外人司空见惯，似乎觉得我原本就是秃了顶的，是理所当然该秃顶的。我呢，竟然又发现了秃顶还有秃顶的来由，秃顶还有秃顶的好处哩。

秃顶有秃顶的三大来由：

一、民间有理论，灵人不顶垂发。这理论必定是世世代代在大量的实情中总结出来的，那么，我就是聪明的了！

二、地质科学家讲，富矿的山上不长草。由此推断，我这颗脑袋已经不是普通的脑袋啊！

三、女人长发，发是雌性的象征。很久以来人类明显地有了雌化，秃顶正是对雌化的反动，该是上帝让肩负着雄的使命而来的。天降大任于我了，我不秃谁秃？！

秃顶有秃顶的十大好处：

一、省却洗理费。

二、没小辫子可抓。

三、能知冷知晒。

四、有虱子可以一眼看到。

五、随时准备上战场。

六、像佛陀一样慈悲为怀。

七、不被"削发为民"。

八、怒而不发冲冠。

九、长寿如龟。

十、不被误为发霉变坏。

现在，我常哼着的是一曲秃顶歌：秃，肉瘤，光溜溜。葫芦上釉，一根发没有。西瓜灯泡绣球，一轮明月照九州。我这么唱的时候，心里就想，天下事什么不可以干呢。哼，只要天上有月亮，我便能发出我的光来！

三月十五日，我和我的一大批秃顶朋友结队赤头上街，街上美女如云，差不多都惊羡起我们作为男人的成熟，自信，纷纷过来合影。合影是可以的，但秃顶男人的高贵在于这颗头是只许看而不许摸的！

CHAPTER 2

人生求缺不求满

人是从泥土里来的，终究又变为泥土
这土彩罐是一种什么形状呢
御风罢，扶风罢，怀风罢，只有这风
风是泥土捏的东西的灵魂

我有了个狮子军

我体弱多病，打不过人，也挨不起打，所以从来不敢在外动粗。口又笨，与人有说辞，一急就前言不搭后语，常常是回到家了，才想起一句完全可以噎住他的话来。我恨死了我的窝囊。我很羡慕韩信年轻时的样子，佩剑行街。但我佩剑已不现实，满街的警察，容易被认作行劫抢劫。只有在屋里看电视里的拳击比赛。我的一个朋友在他青春蓬勃的时候，写了一首诗："我提着枪，跑遍了这座城市，挨家挨户寻找我的新娘。"他这种勇气我没有。人心里都住着一个魔鬼，别人的魔鬼，要么被女人征服，要么就光天化日地出去伤害。我的魔鬼是汉罐上的颜色，出土就气化了。

一日在屋间画虎，画了很多虎，希望虎气上身，陕北就来了一位拜访我的老乡。他说，与其画虎不如弄个石狮子；他还说，陕北人都用石狮子守护的，陕北人就强悍。过了不久，他果然给我带来了一个石狮子。但他给我带的是一种炕狮，茶壶那般大，青石的。据说雕凿于宋代。这位老乡给我介绍了这种炕狮的功能，一个孩子要有一个炕狮，一个炕狮就是一个孩子的魂。四岁之前这炕狮是不离孩子的，一条红绳儿一头拴住炕狮，一头系在孩子身上，孩子在炕上翻滚，有炕狮拖着，掉不下炕去；长大了邪鬼不侵，刀枪不入，能踢能咬，敢作敢为。这个炕狮我没有放在床上，而是置于案头，日日用手摩挲。我不知道这个炕狮曾经守护过谁，现在它跟着我了，我叫它：来劲。来劲的身子一半是脑袋，脑袋的一半是眼睛，威风又调皮。

古董市场上有一批小贩，常年走动于书画家的家里以古董换字画，这些人也到我家来，他们太精明，我不愿意和他们纠缠。他们还是来，我说：你要不走，我让来劲咬你！他们竟说：你喜欢石狮子呀？我们给你送些来！十天后果真抬来了一麻袋的石狮子。送来的石狮子当然还是炕狮，造型各异，我倒暗暗高兴，萌动了我得有个狮群，便给他们许多字画，便让他继续去陕北乡下收集。我只说收集炕狮是很艰难的事情，不料十天半月他们就抬来一麻袋，十天半月又抬来一麻袋。而且我这么一收，许多书画家也收集，不光陕北的炕狮被收集，关中的小门狮也被收集，石狮收集竟热了一阵风，价钱也一涨再涨；断堆儿平均是一个四五百元，单个儿品相好的两千三千不让价。

我差不多有了一千个石狮子。已经不是群，可以称作军。它们在陕北、关中的乡下是散兵游勇，我收编它们，按大小形状组队，一部分在大门过道，一部分在后门阳台；每个房小门前列成方阵，剩余的整整齐齐护卫着我的书桌前后左右。世上的木头石头或者泥土铜铁，一旦成器，都是有了灵魂。这些狮子在我家里，它们是不安分的，我能想象我不在家的时候，它们打斗嬉闹，会把墙上的那块钟撞掉，嫌钟在算计我。它们打碎了酒瓶，一定是认为瓶子是装着酒的，但瓶子却常常自醉了。闹吧，屋子里闹翻了天，贼是闻声不敢来的，鬼顺着墙根往过溜，溜到门前打个趔趄就走了。我要回来了，在门外咳嗽一下，屋里就全然安静了。我一进去，它们各就各位低眉垂手，阳台上有了窃窃私语。我说：谁在喧哗？顿时寂然。我说：嗨！四下立即应声如雷。我成了强人，我有了威风，我是秦始皇。

秦始皇骑虎游八极，我指挥我的狮军征东去，北伐去；兵来将挡，遇水土掩，所向披靡，一吐恶气。往日诽谤我、羞辱我的人把他绑来吧，但我不杀他，让来劲去摸他的脸蛋。我知道他是投机主义者，他会痛哭流涕，会骂自己猪屎。从此，我再不吟诵忧伤的诗句："每一粒沙子都是一颗渴死的水。"再不生病了拿自己的泪水喝药。我要想谁了，桌上就出现一支玫瑰。楼再高不妨碍云向西飞，端一盘水就可收月。书是我的古先生，花是我的女侍者。

到了这年的冬天，我哪儿都敢去了，也敢对一些人一些事说不。我周围的人说：你说话这么口重？我说：手痒得很，还想打人哩！他们不明白我这是怎么啦。他们当然不知道我有了狮军；有了狮军，我虽手无缚鸡之力，却有了翻江倒海之想。这么张狂了一个冬季，但是到了年终，我安然了。安然是因为我遇见了大狮。

我的一个朋友，他从关中收购了一个石狮，有半人多高，四百余斤。大的石狮我是见得多了，都太大，不宜居住楼房的我收藏；而且凡大的石狮都是专业工匠所凿，千篇一律的威严和细微，它不符合我的审美。我朋友的这个狮子绝对是民间味，狮子的头极大，可能是不会雕凿狮子的面部，竟然成了人的模样，正好有了埃及金字塔前的蹲狮的味道。我一去朋友家，一眼看到了它，我就知道我的那些狮子是乌合之众了。我开始艰难地和朋友谈判，最终以重金购回。当六人抬着大狮置于家中，大狮和狮群是那样的协调，让你不得不想到狮群一直在等待着大狮，大狮一直在寻找着狮群。我举办了隆重的拜将仪式，拜大狮为狮军的大将军。

有了大将军统领狮军，说不来的一种感觉，我竟然内心踏实，没有躁气，很少给人夸耀我家里的狮子了。更似乎又恢复了我以前的生活，穿臃臃肿肿的衣服，低头走路。每日从家里提了饭盒到工作室，晚上回来。来人了就陪人说说话，人走了就读书写作。不搅和是非，不起风波。我依然体弱多病，讷言笨舌，别人倒说"大人小心"；我依然伏低伏小，别人倒说"圣贤庸行"。出了门碰着我那个邻居的孩子，他曾经抱他家的狗把屎拉在我家门口，我叫住他，他跑不及，站住了。他以为我要骂他揍他，惊恐地盯着我，我拍了拍他的头，说：你这小子，你该理理发了。他竟哭了。

拴马桩

　　二十世纪的九十年代，西安人热衷收藏田园文物。我先是在省群众艺术馆的院子里看到了一大堆拴马石桩，再是见在碑林博物馆内的通道两旁栽竖了那么长的两排拴马桩，后就是又在西北大学的操场角见到数百根拴马桩。拴马桩原本是农村人家寻常物件，如石磨石碾一样，突然间被视为艺术珍品，从潼关到宝鸡，八百里的关中平原上对拴马石桩的抢收极度疯狂。据说有人在城南辟了数百亩地做园子，专门摆列拴马石桩。而我现居住的西安美术学院里更是上万件的石雕摆得到处都是，除了石鼓、石柱础、石狮、石羊、石马、石门梁、石门墩、石碾、石槽外，最多的还是拴马石桩。这些拴马石桩有半人高的，有一人半高的；有双手可以合围的，有四只手也围不住的；都是四棱，青石，手抚摸久了就越发腻黑生亮。而拴缰绳的顶部一律雕有人或动物的形象，动物多为狮为猴，人物则千奇百怪或嬉或怒或嗔或憨，生动传神。我每天早晨起来，固定的功课就是去这些石雕前静然默思。我觉得，这些千百年来的老石头一定是有了灵性的，它们曾经为过去的人所用，为过去的人平安和吉祥在建造时有其仪式，在建造过程中又于开关、就位上有其讲究，甚至设置了咒语，那么，它们必然会对我的身心有益。

任何文物的收藏，活跃着的，似乎都是一些个人行为，其实最后皆为国家、社会所有。它之所以是文物，是辗转了无数人的手；与其说人在收藏着它们，不如说它们在轮换着收藏着人。二十世纪之初，于右任和张钫凭借了他们的权势和智慧，大量收藏过关中的墓碑，他们当时有过协定，唐以前的归于右任，唐以后的归张钫。近百年过去了，于右任收藏的墓碑都竖在了碑林博物馆，而张钫的那些墓碑运回河南老家，现在也成了千唐志斋博物馆。于右任和张钫是书法家，他们只收藏有文字的墓碑，后来，又有了个美术教育家王子云，他好绘画，好雕塑，就风餐露宿踏遍了关中，访寻和考察了关中的石雕，写成报告并带回大量的实物拓片。但是，于右任、张钫和王子云并没有注意到拴马石桩之类，可能那时关中的石刻石雕太多了，战乱年间，他们关注的是那些面临毁坏的官家的、寺院的、帝王陵墓上的东西，拴马石桩之类太民间了，还没有也来不及进入他们的视野。地面上的文物是一茬一茬地被挑选着，这如同街头上的卖杏，顾客挑到完也卖到完，待到这些拴马石桩之类的东西最后被收集到，才发现这些民间的物件其美术价值并不比已收集了的那些官家的寺院的陵墓上的东西低。西安是世界性的旅游城市，可大多的游客只是跟着导游去法门寺去秦始皇兵马俑博物馆，在那如蚁的人窝里拥挤，流汗，将大把的钱扔出去。他们哪里知道骑一辆单车到一些单位和人家去观赏更有玩味的拴马石桩一类的石雕呢？我庆幸我的新居到了西安美术学院，抬头低眼就能看到这些宝贝；别人都在"羊肉泡馍"馆里吃西安的正餐的时候，我坐在家里品尝着"肉夹馍"小吃的滋味。

我在西安美术学院的拴马石桩林中，每一次都在重复着一个感叹：这么多的拴马石桩呀！于是又想，有多少拴马石桩就该有多少匹马的，那么，在古时，关中平原上有多少马呀，这些马是从什么时候起消失了呢？现在往关中平原上走走，再也见不到一匹马了，连马的附庸骡、驴，甚至牛的粪便也难得一见。

有这样一个故事，说有人学会了降龙的本领，但他学会了降龙本领的时候世上却没有龙。如今，马留给我们的是拴马的石桩，这如同我们种下了麦子却收到了麦草。好多东西我们都丢失了，不，是好多东西都抛弃了我们。虎不再从我们，鹰不再从我们，连狼也不来，伴随我们的只是蠢笨的猪，诌媚的狗，再就是苍蝇蚊子和老鼠。西安的旅游点上，到处出售的是布做虎，我去拜访过一位凿刻了一辈子石狮的老石匠，他凿刻的狮子远近闻名，但他去公园的铁笼里看了一回活狮，他对我说：那不像狮子，人类已经从强健沦落到了孱弱，过去我们祖先司空见惯并且共生同处的动物现在只能成为我们新的图腾艺术品。我们在欣赏这些艺术品的时候，更多地品尝到了我们人的苦涩。

在关中平原大肆收购拴马石桩一类石雕的风潮中，我也是其

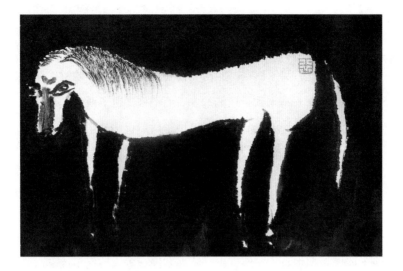

中狂热的一员。去年的秋天，我们开着车走过了渭河北岸三个县，刚刚到了一个村口，一个小孩扭身就往巷道里跑，一边跑一边喊：西安人来了！西安人来了！立即巷道里的木板门都哐啷哐啷打开，出来了许多人把我们围住，而且鸡飞狗咬。我说：西安人来了怎么啦，又不是鬼子进了村?！他们说：你们是来收购拴马石桩的？原来这个村庄已经被来人收购过三次了。我们仍不死心，还在村里搜寻，果然发现在某家院角是有一根的，但上边架满了玉米棒子；在另一家茅坑还有两根；而又有一家，说他用三根铺了台阶，如果要，可以拆了台阶。这让我们欢喜若狂，但生气的事情立即发生了，他们漫天要价，每一根必须出两千元，否则只能看不能动的。农民就是这样，当十年前第一次有人收集拴马石桩，他们说石头么，你能拿动就拿走吧。帮着你把拴马石桩抬到车上，还给你做了饭吃，买了酒喝，照相时偏要在院门口大声吆喝，让村人都知道西安人是来到了他们的家。而稍稍知道了西安人喜欢这些老石头，是什么艺术品，一下子把土坷垃也当作了金砣子。那一次，我们是明明白白吃了大亏购买了五根拴马石桩。

也就在这一次收购中，我们明显地感觉出农村的萧条，几乎到任何一个村庄，能见到的年轻人很少，村口或巷道里站着和坐着的多是一些老人和孩子。询问有没有拴马石桩，他们用白多黑少的眼睛疑惑地看你，然后再疑惑地看停在旁边的汽车，说：那得掏钱买哩。我们说当然要掏钱的，他们才告诉你有或者没有，又说：还有牛槽哩，还有石门墩哩。领着你去看了，或许有一根两根，不是断裂就是雕刻已残损得失去形状，但他们能拿出石门墩来、牛槽来，还有石碌碡、打胡基的础子、砸蒜的石臼，都是现代物件，说：买了吧，我们缺钱啊。看得出他们是确实缺钱，衣衫破烂，面如土色，每个老人的后脖颈壅着皱褶，晒得黑红如酱，你无法不生出同情心来。被同情之人必有可恨之处，也就这些人，和你论起价来，要么咬一个死数，然后就呼呼噜噜吃他的饭，饭吃完了又一遍一遍伸出舌头舔碗，不再出声；而另一个则舌如巧簧，使你毫无还嘴之机。买卖终于是做成了，我们的车却在另一条巷里受阻，因为有人家在办丧事，一群人乱得像热锅上的蚂蚁，急声催喊着快去邻村喊人，他们有气力的劳力已经极少，必须两个村或三个村的青壮劳力方能将一具棺材抬往坟墓。在一片哀乐中，两个村庄的年轻人合伙将棺材抬出村去，我不禁有了一种苍凉之意，千百年来，农民是一棵草一棵树从土里生出来又长在土上，现在的农民却大量地从土地上出走。马留给了我们一根一根拴马的石桩，在城市里成为艺术的饰品。农民失去了土气，游荡于城市街头的劳务市场，他们是被拔起来的树，根部的土又都在水里抖涮得干干净净，这树能移活在别处吗？

开着收购来的拴马石桩的车往城里走，我突然质疑了我的角色。这是在抢救民间的艺术呢，还是这个浮躁的年代的一个帮凶或者帮闲？

当西安美术学院分配了我那套楼下一层的房子时，窗外是早栽竖了三根拴马石桩，我曾因窗外有这三根拴马石桩而得意过；而现在，我却为它悲哀：没有我的时候里有马的时代，没有了马的时代我只有守着拴马石桩而哭泣。

泥土的形状

二〇〇四年八月，有人送我一个土彩罐，唐代的，朱砂底色，绘牡丹百花，很是艳丽。我把它放在案几上。

一日上午，我在书房，一股风从窗子进来，土彩罐里却有响声，呜呜呜，像吹口哨。风过罐口会有响动，但土彩罐的声音幽细有致，我就盯着它看。

字典里有一个词叫"御风"，这词虽好，但有些霸气，我还是喜欢陕西的一个县名：扶风。这日我又读到《西京杂记》上一段话，还是说到风，我就把它书写了下来：

乐游苑自生玫瑰树，树下多苜蓿，风在其间常萧萧然。日照其花，有光彩，故名苜蓿为怀风。

《西京杂记》的话刚写完，土彩罐就响，土彩罐应该也叫"怀风"。

土彩罐是谁家曾经用过，又埋在了谁的墓里，这些我都不知道。它贯穿了阳间和阴间，肯定有着许多故事。

每个人出生的时候自己在哭，死亡的时候又是别人在哭。这些事土彩罐一定知道。但是，每个人都是在父母做爱中产生的，一生又都是在爱的纠缠中度过，这些事土彩罐也一定知道。土彩罐从谁的家里、墓里而来到我这里，它是来采集我的故事吗？

土彩罐还在呜呜呜地响，像吹口哨，我走过去关了窗子。从窗子看出去，外边是下了雨，街上有无数的人；我看见无数的人在雨中走着走着就化了。

人是从泥土里来的，终究又变为泥土，这土彩罐是一种什么形状呢？御风罢，扶风罢，怀风罢，只有这风，风是泥土捏的东西的灵魂。

记五块藏石

　　红蛙　红灵璧石，样子像蛙，不多一分，也不少一分；是站在田埂欲跳的那一种，或许是瞧见了稻叶上的一只蜻蜓的那个瞬间，形神兼备。它的嘴大而扁，沿嘴边有一道白线。眼睛突鼓，粉红一圈，中间为红中泛紫色，产生一种水汪汪的亮色。通体暗红，颚下以至前爪红如朱砂。来人初见，莫不惊讶，久看之，颚下部似乎一呼一吸地动。我名凹，蛙与凹同音，素来在宴席上不食青蛙和牛蛙，得之此石，以为是生灵回报，珍视异常，置于案上石佛的左侧，让其成神。

　　乌鸡　家人属相是鸡，恰生日前得此葡萄玛瑙石，甚为吉祥。玛瑙石本身名贵，如此大的体积又酷像鸡就更稀罕。脖子以上，密集葡萄珠，乌黑如漆，翅至尾部色稍浅，光照透亮。我藏石头，一半是朋友赠送或自捡，一半是以字画换取，一幅字可换数件石。而此石来自内蒙古，要价万元，几经交涉到八千元，遂书四幅斗方。

小鬼　灵璧石，完整无损的小人形状，有双目，有鼻有口，头颅椭圆。身子稍倾斜，双手相拱。有肚脐眼和下身。极其精灵幽默。买时围观者很多，都说此石太像人，但因双目深陷如洞，像是鬼，嫌放在家里害怕。我不怕鬼，没做亏心事，而且鬼有鬼的可爱处，何况家里画的有钟馗像哩。

珊瑚　这是一块巨大的珊瑚化石。我喜欢大的，搬上楼的时候，四个人抬的，放在厅里果然威风得很。整个石头是焦黑色，珊瑚节已磨平，呈现出鱼鳞一样的甲纹。珊瑚石很多，但如此大的平石板状的珊瑚石恐怕是极少极少的吧。我题词：海风山骨。唯一担心的是楼板负重不起，每次移动莫不小心翼翼。

胡琴　以前我有个树根，称谓美人琴，后来送了别人。又曾得到过一个八音石，敲之音韵极好，但没有形状。这块石头下是一椭圆，上是一个长柄，像琵琶，但比琵琶杆儿长了许多，且长柄梢稍弯，有几处突出的齿，我便称之为胡琴。此胡琴无弦的，以石敲之，各处音响不同。朋友送我的时候，是在酒席上，他喝多了，说有个宝贝，你如果说准琴棋书画中的一个就送你。我不假思索说是琴。他仰天长叹：这是天意！我怕他酒醒反悔，立即去他家，到家时他酒醒了，抱了这石琴一边做弹奏动作一边狂歌，样子让人感动，我就不忍心索要了。但他豪爽，一定要送我，再一次说：这是天意，这是缘分啊！

人与石头确实是有缘分的。这些石头能成为我的藏品，却有一些很奇怪的经历，今日我有缘得了，不知几时缘尽，又归落谁手？好的石头就是这么与人产生着缘分，而被人辗转珍藏在世间的。或许，应该再换一种思维，人与自然万物的关系不仅仅是一种和谐，我们其实不一定是万物之灵，只是普通一分子，当我们住进一所房子后，这房子也会说：我们有缘收藏了这一个人啊！

藏者

我有一个朋友，是外地人，一个月两个月就来一次电话。我问你在哪儿，他说在你家楼下，你有空没空。不速而至，偏偏有礼貌，我不见他也没了办法。

他的脸长，颧骨高，原本是强项角色，却一身的橡皮。你夸他，损他，甚至骂他，他都是笑。这样的好脾气像清澈见底的湖水，你一走进去，它就把你淹了。

我的缺点是太爱吃茶，每年春天，清明未到，他就把茶送来，大致吃到五斤至十斤。给他钱，他是不收的，只要字，一斤茶一个字，而且是单纸上写单字。我把这些茶装在专门的冰箱里，招待天南海北的客人，没有不称道的。这时候，我就觉得我是不是给他写的字少了？

到了冬天，他就穿着那件宽大的皮夹克来了，皮夹克总是拉着拉链，从里边掏出一张拓片给我显摆。我要的时候，他偏不给；我已经不要了，他却说送了你吧，还有同样的一张，你在上边题个款吧。我题过了，他又从皮夹克里掏出一张，比前一张更好，我便写一幅字要换；才换了，他又从皮夹克里掏出一张。我突然把他抱住，拉开了拉链，里边竟还有三四张，一张比一张精彩，接下来倒是我写好字去央求他了。整个一晌，我愉快地和他争闹，待他走了，就大觉后悔，我的字是很能变却成了一头牛，被他一小勺一小勺巧炒着吃了。

有一日与一帮书画家闲聊，说起了他，大家竟与他熟，都如此地被他打劫了许多书画，骂道：这贼东西！却又说：他几时来啊，有一月半不见！

我去过他家一次，要瞧瞧他一共收藏了多少古董字画，但他家里仅有可怜的几张。问他是不是做字画买卖，他老婆抱怨不迭：他若能存一万元，我就烧高香了！他就是千辛万苦地采买茶叶和收集本地一些碑刻和画像砖拓片向西安的书画家嘻嘻哈哈地换取书画，又慷慷慨慨地分送给另一些朋友、同志。他生活需要钱却不为钱所累，他酷爱字画亦不做字画之奴，他是真正的字画爱好者和收藏者。

真正的爱好者和收藏者是不把所爱之物和藏品藏于家中而藏于眼中，凡是收藏文物古董的其实都是被文物古董所收藏。人活着最大的目的是为了死，而最大的人生意义却在生到死的过程。朋友被朋友们骂着又爱着，是因了这个朋友的真诚和有趣。他姓谭，叫宗林。

茶事

以茶闹出过许多事来:

我的家乡不产茶,人渴了就都喝生水。生水是用泉盛着的,冬天里泉口白腾腾冒热气,夏季里水却凉得渗牙。大人们在麦场上忙活,派我反反复复地用瓦罐去泉里提水。喝毕了,用袄袖子擦着嘴,一起说:咱这儿水咋这么甜呢!村口核桃树旁的四合院里住着阿花,她那时小,脖子上总生痄子,在泉的洗衣池中洗脖子,密而长的头发就免不了浸了水面。我想去帮她,却有些不敢,拿树叶叠成小斗舀水喝,一眼一眼看她;王伯家的狗也来泉里喝水,就将我的瓦罐撞碎了。我气得打狗,也对阿花说:你赔我,你赔我!阿花说:我赔你什么,是我撞碎你的罐子吗?后来阿花大了,我每日都想能见到她,见到了却窘得想赶紧逃走,逃到避人处就又发恨,自己扇自己耳光。阿花的一个亲戚在关中平原,我们称山外人的,他突然来到阿花家,村人都在议论小伙子是来阿花家提媒了。这事使我打击很大,但我不敢去问阿花,伺机要报复那山外的人。山外没有核桃，我们摘了青皮核桃让他吃，他以为任何果子都是肉包核，当下就啃了一口，涩得舌头吐出来。又在他钻进茅房大便的时候，拿了石头往尿窖子里一丢，尿水从尿槽子里溅上去，弄了他一身的肮脏。他一嘴黄牙，这是我最瞧不上的，他说他们那儿的水盐碱重，味苦，没有山里的水甜。他说这话时样子很老实，让我好生得意。可是第二天，我从泉里提了一大桶凉水往麦场送的时候，他看见了，却说：你们不喝茶啊？我说这儿不产茶。他说：我们山外吃饭就吃蒸馍，渴了要喝茶的。他的话把我噎住了，晚上思来想去觉得窝火，天明的时候突然想出了一句对付的话：山外的水苦才用茶遮味哩，我们这儿水甜用得着泡茶吗？中午要把这话对他说，但没有寻着他，碰着小三，小三说：你知道不，山外黄牙走了，早上坐车回去啦！我兴奋他终于走了，却遗憾没把想了一夜的话当面回顶他。

到了二十世纪七十年代末，我从家乡到了西安上大学，西安的水不苦，但也不甜，我开始喝开水，仍没有喝茶的历史。暑假里回老家，父亲也从外地的学校回来，傍晚本家的几位伯叔堂兄来聊天，父亲对娘说：烧些水吧。水烧开了，他却在一只特别大的搪瓷缸里泡起了茶。父亲喝茶，这是我以前并不晓得的，或许他是在学校里喝。但把茶拿回家来喝，这是第一次。伯叔堂兄们都说：喝茶呀？这可是公家人的事！茶叶干燥燥的，闻着有一股花香味，开水一冲就泛了暗红颜色。这便是我喝到的头口茶，感觉并不好，而且伯叔堂兄们也龇牙咧嘴。但是，那天的茶缸续了四次水，毕竟喝茶是一种身份地位的待遇。父亲待过几天就往学校去了，剩下的茶娘包起来放在柜里。那一年大旱，自留地里的辣子茄子旱得发蔫，我和弟弟从河里挑水去浇，一下午挑了数十担，累得几乎要趴在地上。一回家弟弟就说：咱慰劳慰劳自己吧。于是取了茶来泡了喝。剩下的茶就这么每天寻理由慰劳着喝了。待上了瘾，茶却没有了。因为所见到的茶叶模样极像干蔑麻叶末或干芝麻叶末，我们就弄了些干蔑麻叶揉碎了用开水泡，麻得舌头都硬了；又试着泡芝麻叶，倒没有怪味道，但毕竟喝过半杯就不想再喝了。

在大学读书了三年，书上关于茶的描述很多，我却再没有喝过茶。真正地接触茶则是参加工作后，那时的办公室里大家各自有个办公桌，办公桌的抽屉是加了锁的，每人的面前有一只烟灰缸和一只茶杯。开水是共同的，热水瓶里没水了，他们就喊：小贾小贾，瓶里怎么没水了？！

我提了瓶就去开水房打水，水打了回来，各自从抽屉里取了茶叶捏那么一点放在杯里，抽屉又锁上了，再是各自泡水喝。大家是互不让茶的。有一天办公室只有我和老赵，老赵喝茶是半缸子茶叶半缸子水，缸子里的茶垢已经厚得像刷了生漆。他冲了一杯，说：你喝茶不？我说我没茶。他给我捏了一点，我冲泡了喝起来。他告诉我谁喝的是铁观音茶，谁喝的是茉莉花茶，谁又是八宝茶，又开始嘟囔谁个最没意思，自己舍不得买茶却爱喝茶，总是占他的便宜。我听了心里就发寒：他一定要记着今日给过我茶叶的事的。正是因为有了要还他茶叶的念头，也考虑了别人都喝茶我喝白开水显得寒酸的缘故，在月初发薪时，我咬咬牙从三十九元的工资里取出两元钱买了一筒茶，首先让老赵喝了一次。就是这一筒茶使我从此离不开了茶。好多年间，我已经是很标准的办公室人员的形象了：准时上班，拖地擦桌子，然后泡一缸茶，吸一支烟，翻天覆地地看报纸。先后喝过的是花茶、砖茶、八宝茶，脑子里没有新茶陈茶的概念，只讲究浓茶和淡茶；也知道空腹不要喝茶，喝了心发慌；晚上不要喝浓茶，喝了失眠；隔夜茶不要喝，茶垢不要洗。唯一与办公室别的同志不一样的是喝八宝茶时得取出里面的枸杞，枸杞容易上火，老赵就说：给我给我。他把三四粒枸杞丢进口里嚼，说这可是好东西哩！

那年月干部常常要下乡，我从事的是出版社的编辑工作，要了解各县的文艺创作状况，就在苹果仅仅只有核桃般大的时节去了一个县上。县委宣传部的一个干事接待了我，正是星期六，他要回家，安排我夜里睡在他办公兼卧室的房间里，临走时给了我去灶上吃饭的饭票，又叮咛：要喝水，去水房开水炉那儿灌，茶叶就在第二个抽屉里。夜里，宣传部的小院里寂静无人，我看了一会儿书，觉得无聊，出来摘院子里的青苹果吃，酸得牙根疼，就泡了他的茶喝。茶只有半盒茶，形状小小的，似乎有着白茸毛。我初以为这茶霉了，冲了一杯，水面上就起一层白气，悠悠散开，一种清香味就钻进了口鼻。待端起杯再看时，杯底的茶叶已经舒展，鲜鲜活活如在枝头。这是我从未见过的茶叶，喝起来是那么的顺口，我一下子就喝完了；再续了水，又再续了水，直喝下三杯，额上泛了细汗，只觉目明神清，口齿间长长久久地留着一种爽味。第二天，一早起来我又泡了一杯，到了中午，又泡了一杯，眼见得茶盒里的茶剩下不多，但我控制不了欲望。天黑时主人还没有返回，我又泡了一杯。茶盒里的茶所剩无几了，我才担心起主人回来后怎么看待我，就决定再不能在这里待下去，将门钥匙交给了门房去街上旅舍去睡，第二天一早则搭车去了临县。那么干事到底是星期天的傍晚返回的还是第二天的黎明返回，我至今不知；他返回后发现茶叶几近全无是暗自笑了还是一腔怨恨，我也不知。我只是十几天后回到西安给他去了一信，表示了对他接待的感激，其中有句"你的茶真好"，避免了当面见他的尴尬，兀自坐在案前满脸都是烫烧。

　　贼一样喝过了自觉是平生最好的茶，我不敢面对主人却四处给人排说。听讲的人便说我喝过的那一定是陕青，因为那个县距产茶区很近。又因为是县委的人，能得到陕青中的上品；又可能是新茶。于是，我知道了所谓的陕青，就是产于陕西南部的青茶。陕西南部包括汉中、安康、商洛，而产茶最多的是安康。我大学的同学在安康有好几位，并且那里还有我熟悉的几个文学作者。我开始给他们写信，明目张胆地索贿，骂他们为什么每次来西安不给我送些陕青呢，说我现在要做君子呀，宁可三日无肉，不能一晌无茶啊！结果，一包两包的茶叶从安康捎来，虽每次不多，却也不断，但都不是陕青中的上品，没有我在宣传干事那儿喝到的好。再差的陕青毕竟是陕青，喝得多了，档次再降不下来，才醒悟真正的茶是原本色味的。以前喝过的花茶、胡茶皆为茶质不好用别的味道来调剂，而似乎很豪华的流行于甘、宁、青一带的八宝茶，实是在那里不产茶，才陈茶变着法儿来喝罢了。从此以后，花茶是不能入口了，宁喝白开水也不再喝八宝茶；每季的衣着是十分简陋，每日的饭菜也极粗糙，但茶必须是陕南青茶。在生活水平还普遍低下的年月里，我感觉我已经有点贵族的味道了。

　　当我成了作家，可以天南海北走遍，喝的茶品种就多了，比如在杭州喝龙井茶，在厦门喝铁观音茶，在成都喝峨眉茶，在云南喝普洱茶，在合肥喝黄山茶，有的茶价五百元一斤，有的甚至两千元。这些茶叶也真好，多少买了回来，味道却就不一样了，末了还是觉得陕南青茶好。说实在的，陕青的制作很粗，茶的形状不好，包装也简陋，但它的味重、醇厚，合于我的口舌和肠胃，这或许是我推崇的原因吧。

　　为了能及时喝到陕青，喝到新鲜的陕青，我是常去安康的，而且结交了一批新的安康的朋友，以至有了一位叫谭宗林的专门在那里为我弄茶。谭先生因工作的缘故，有时间往安康各县跑，又常来西安，他总是在谷雨前后就去了茶农家购买茶叶及时捎来，可以说我每年是西安最早喝到新陕青的人。待谭先生捎了半斤一斤还潮潮的新茶在西安火车站一给我打电话，我便立即通知一帮朋友快来我家。我是素不请人去吃饭的，邀人品茶却是常事。那一日，众朋友必喝得神清气爽，思维敏捷，妙语迭出，似乎都成了君子雅士。谭先生捎过了谷雨茶，一到清明，他就会在茶农家几十斤地采购上等青茶。我将小部分分给周围的人，大部分包装好存放于专门购置的大冰柜里，可以供一年享用了。朋友们都知道我家有好茶叶，隔三岔五就吆喝着来；可以说，我的茶客是非常多的。

我也和谭先生数次参加城里一些茶社的庆典活动，西安城中的大小茶社没有我未去过的，为茶社题写店名，编撰对联，书写条幅，为了茶我愿意这般做，全不顾了斯文和尊严。我和谭先生也跑过安康许多茶厂，人家叫干什么就干什么。平日惜墨如金，任何人来索字都必要出重金购买，却主动要为茶厂留言，结果人家把题写的条幅印在茶袋上、茶盒上满世界销售，明明是侵犯了我的权益，又无故遭到外人说我拿了多少广告费。人是不敢有缺点的，我太嗜茶贪茶，也只有无话可说。人的一生要交结众多朋友，朋友是走一批来一批的，而最能长久的是以茶为友的人。我不大食肉，十几年前因病戒了酒后，只喜欢吸烟喝茶，过的是有茶清待客，无事乱翻书的日子。每当泡一杯陕青在家，看着茶叶鲜鲜活活的可爱，什么时候都觉得面对了春天，品享着春天。茶叶常常就喝完了，我在门上贴了字条："送礼不要送别的，可以送茶。"但极少有送茶来的，来的都是些要喝我茶的人。这时候我就想起唐代快马加鞭昼夜不停从南宁往长安送荔枝的故事，可惜我不是那个杨贵妃，也不知谭先生现在在哪儿？

佛像

　　我是文坛很著名的病人，差不多的日子都是身体这儿不舒服那儿又难受，尤其在三十出头的年龄患上了乙肝，一直病蔫蔫近二十年。这几年胳膊腿儿来了劲儿，肝病竟没事了。得知肝病没了，许多人都来讨药方，我答复是：我吃药打针太多了，也不知是哪种药哪种针起了效果，但我觉得有两点可以使自己健康，那便是精神放松和多做好事。

　　精神放松我是这样的：不就是个病吗，我们每个人都要体验到死却体验了无法再总结，而病是生与死的过渡，是可以成为参透人生的一次哲学课啊！能很快治好当然好，一时治不好就与病和平共处，受折磨要认定是天意就承受折磨；最后若还治不好，大不了不就是死么，活着都不怕还怕死？！至于做好事我做得更好，能帮别人的事就帮别人，帮不了别人的事就倾听别人诉说；与生人相处要尊重生人，与熟人相处要宽容熟人。要求朋友不能像要求家人，要求家人不能随心所欲；以修炼大胸襟为目标，爱

个小零钱就停止。

　　每做了一次好事，心情非常愉快。这愉快是不能告白别人的，于是就感谢佛，给佛画像。

　　我画过许许多多的佛像。

古土罐

我来自乡下，其貌亦丑，爱吃家常饭，爱穿随便衣，收藏也只喜欢土罐。西安是古汉唐国都，出土的土罐多；土罐虽为文物，但多而价贱，国家政策允许，容易弄来，我就藏有近百件了。家居的房子原本窄狭，以至于写字台上、书架上、客厅里，甚至床的四边，全是土罐。我是不允许孩子们进我的房子，他们毛手毛脚，担心怕撞碎，胖子也不让进来，因为所有空间只能独人侧身走动。曾有一胖妇人在转身时碰着了一个粮仓罐，粮仓罐未碎，粮仓罐上的一只双耳唐罐掉下来破为三片。许多人来这里叫喊我是仓库管理员，更有人抱怨房子阴气太重，说这些土罐都是墓里挖出来的，房子里放这么多怪不得你害病。我是长年害病，是文坛上著名的病人，但我知道我的病与土罐无关，我没这么多土罐时就病了的。至于阴气太重，我却就喜欢阴。早晨能吃饭的是神变的，中午能吃饭的是人变的，晚上能吃饭的是鬼变的；我就晚上能吃饭，多半是鬼变的。有客人来，我总爱显示我的各种土罐，说它们多朴素，多大气，多憨多拙；无人了，我就坐在土罐堆中默看默笑，十分受活。

我是很懒惰的人，不大出门走动，更害怕去社交应酬。自书画渐渐有了名，虽别人以金来购，也不大动笔，人骂我惜墨，吝啬佬。但凡听说哪儿有罐，可以弄到手，不管白日黑天，风寒雪雨，我立即就赶去了。许多人因此而骗我，提一只土罐来换几个字，或要送我一只土罐而要求去赴一个堂会。上当受骗多了，我也知道要去上钩入瓮，但我控制不了我，我受不了土罐的诱惑。我想，在权力、金钱、女色、名誉诸方面，我绝对有共产党人的品质，而在土罐方面不行。对于土罐的如此嗜好，连我也觉得不解，或许我上上的哪一世曾经是烧窑的？或许我上上的哪一世是

草地上两伪室
溜瓶子醉罒了
乙酉秋　平凹

个君王富豪?

这些土罐，少量是古董市场上买的，大量是以字画变换的，还有一些，是我使了各种手段从朋友、熟人手中强夺巧取而来。在我扬扬得意收藏了近百的土罐之时，一日去友人芦苇家，竟然见得他家有一土罐大若两人搂抱，真是垂涎欲滴，过后耿耿于怀。但我难以启口索要，便四处打听哪儿还有大的。得知陕北佳县一带有，雇车去民间查访，空手而归；又得知泾阳某人有一巨型土罐，驱车而去，那土罐大虽大，却已破裂。越是得不到越想得到，遂鼓足勇气给芦苇去了一信，写道——

古语说，神归其位，物以类聚。我想能得到您存的那只特大土罐。您不要急。此土罐虽是您存，却为我爱，因我收集土罐上百，已成气候，却无统帅；您那里则有将无兵，纵然一木巨大，但并不是森林，还不如待在我处，让外人观之叹我收藏之盛，让我抚之念兄友情之重。当然，君子是不夺人之美，我不是夺，也不是骗，而要以金购买或以物易物。土罐并不值钱，我愿出原价十倍数；或您看上我家藏物，随手拿去。古时友人相交，有赠丫鬟之举；如今世风日下，不知兄肯否让出瓦釜？

信发出后，日日盼有回复，但久未音讯。我知道芦苇必是不肯，不觉自感脸红。正在我失望之时，芦苇来电："此土罐是我镇家之物，你这般说话，我只有割爱了！"芦苇是好人，是我知己，我将永远感谢他了。我去拉那巨大土罐时，特意择了吉日，回来兴奋得彻夜难眠。我原谅着我的掠夺，我对芦苇说：物之所得所失，皆有缘分啊！

现在，巨大土罐放在我的家中，它逼着一些家什移位于阳台上，而写字台仅留给我了报纸一般大的地方。我在想，这套房子到底是组织上分配给我住的还是给土罐住的？这些土罐是谁人所做，埋入谁人坟墓，谁人挖掘出土，又辗转了谁人之手来到了我这里？在我这里待过百年了又落在哪人手中，又有谁还能知道我曾经收藏过呢？土罐是土捏烧而成，百年之后我亦化为土，我能不能有幸也被人捏烧成土罐；那么，家里这些土罐是不是有着汉武帝的土，司马迁的土，唐玄宗或李白的土？今夜，月明星稀，家人已睡，万籁俱静，我把每个土罐拍拍摸摸以想象，在其身上书写了那些历史的人名。恍惚间，便觉得每个土罐的灵魂都从汉唐一路而来了，竟不知不觉间在一土罐上也写下了我的名字。

我的诗书画

　　所谓文学，都是给人以精神的享受；但弄文学的，却是最劳作的苦人。我之所以作诗作书作画，正如去公园里看景，产生于我文学写作的孤独寂寞，产生了就悬于墙上也供于我精神的生活。既是一种私活，我为我而作，其诗其书其画，就不同世人眼中的要求标准，而是我眼中的，心中的。

　　正基于此，很多年来，我就一直做这种工作：过一段，房子的四壁就悬挂一批；烦腻了，就顺手撕去重换一批。这种勇敢，大有"无知无畏"的气概。这种习性儿，也自惹我发笑，认为是文人的一种无聊。

　　无聊的举动，虽源于消遣，却也有没想到的许多好处。

　　诗人并不仅是作诗的人，我是极信奉这句话的。诗应该充溢着整个世界。无论从事任何事业，要取得成功，因素或许是多方面的；但心中永远保持着诗意，那将是最重要的一条。我试验于小说、散文的写作，回到生活中去，或点灯熬油笔耕于桌案，艰难的劳动常常会使人陷入疲倦；苦中寻乐的，只有这诗。诗可以使我得到休息和安恰，得到激动和发狂，使心中涌动着写不尽的东西，永远保持不竭的精力，永远感到工作的美丽。当这种诗意的东西使我膨胀起来，禁不住现于笔端的，就是我平日写下的诗了。当然这种诗完全是我为我而作，故一直未拿去发表。这如同一棵树，得到阳光雨露的滋润，它就要生出叶子；叶子脱了，落降归根，再化作水、泥被树吸收，再发新叶。树开花，或许是为外界开的，所以它有炫目悦色之姿；叶完全是为自己的树干生存而长，叶只有网的脉络和绿汁。

诗要流露出来，可以用分行的文字符号，当然也可以用不分行的线条的符号，这就是书，就是画。当我在乡间的山荫道上，看花开花落，观云聚云散，其小桥，流水，人家，其黑山，白月，昏鸦，诗的东西涌动，却只能意会而苦于无言语道出，我就把它画下来。当静坐房中，读一份家信，抚一节镇尺，思绪飞奔

于童年往事，串缀于乡邻人物，诗的东西又涌动，却不能写出，又不能画出，久闷不已，我就书一幅字来。诗、书、画，是一个整体，但各自有不可替代的功能；它们可以使我将愁闷从身躯中一尽儿排泄而平和安宁，亦可以在我兴奋之时发酵似的使我张狂而饮酒般的大醉。

已经声明，我作诗作书作画并不是取悦于别人的欣赏，也就无须有什么别人所依定的格式，换句话说，就是没有潜心钻研过世上名家的诗的格律、画的技法、书的讲究。所以，《艺术界》的编辑同志来我这里，瞧见墙上的诗书画想拿去刊登，我反复说明我的诗书画在别人眼里并不是诗书画，我是在造我心中的境，借其境抒我的意。无可奈何，又补写了这段更无聊的文字，以便解释企图得以笑纳。

求缺亭

　　你坐着，真的，已经很久了：这么一个公园，一个茶亭，在火炉旁的一张茶桌。茶桌是正方形，你只坐了一边。你在外边走了那么多路，到过那么多地方，坐下来，却只是这小小的茶桌的小小的一边。夏天的比例是日长夜短，冬天里则夜长，白日里只有十个小时，下午，你却要到这里坐坐。要一杯茶，并不喝，作为你坐在这里的代价和资格；一杯茶一角钱：你买了这个座位，然后就面对着窗子。窗子是玻璃的，是两块大玻璃，可以看见天。

　　天总是阴着，你觉得有诗意。合你的心境吗？你是作过一句诗的，说："天上有两个洞，一个是太阳的火洞，一个是月亮的冰洞。"太阳激射的时候，有着光芒，却也有着阴影。于是，现在天是圆的，是完全的，多么单纯，单纯得不能得知它的高远和深厚，这又是多么崇高。于是，也消失了傍晚的混乱的血红、灰黄、铁青的云，一张张从舞台后扫出来的演员揩擦化妆面部的纸。

　　茶总是花茶，一杯中可以冉冉浮出茉莉，三朵，小小的，五个瓣的。还是美丽的花，冬天里已经很少见到花了。

茶亭里是十张桌子，你是九号桌，就你一个人。冬天游园的人很少，游园又来喝茶的更少。茶亭的旁边是一个冰雕室，几个末流的艺术家，用冰雕头像诱惑了年轻人想留纪念的心。五角钱，将丑的变成美的；将美的，一个变成两个。这里就留下了静寂。本来热闹的地方却静寂了，你好不庆幸。炉子里加了煤块，会燃烧的石头，燃烧起来本来是无声的通红，火苗子却是蓝幽幽的，像无数的蛇在吐闪舌子。那就是煤的灵魂。你又在做非非之想了。

窗子外是一个湖，湖上没有树和建筑物，看不见湖水，却看得见天。你奇怪了，从玻璃窗子里往外看天的时候，窗子的玻璃怎么就不存在了。

这时候，有一只鸟儿飞过，很大的鸟，翅膀没有闪，也没有扇，平行地飞过。天像是一面冰雪的谷坡，它是从上面斜斜地往下滑行的。腾起一阵大惊小怪：这是一群放学后的孩子在放风筝，他们结束了一天拘束的课堂纪律，风筝又挣断了他们的线绳。

那个退了休的，又来喝茶看报的无事无思无欲的红鼻子老头，酣睡得一塌糊涂了。

你只是看着天，天在玻璃窗子上，天在茶亭的上空。

一张脸出现在窗子外边，天被挡住了。于是玻璃存在了。那张脸在玻璃上压着饼形，嘴扁圆，喊着；亭子里立即有一个人走过去，将脸也靠近玻璃。四只手都扒在空中，空中就是玻璃。然后走掉了。玻璃上出现两个圆形的嘴的热气的图案，四只手印均匀地留在那里。

你没有动。服务员却骂着"讨厌"，走过去用干布擦了。这是一个没线条的姑娘，一直站在茶台里的桌子旁，嗑瓜子。丢一颗进嘴，嘴唇不动，吐出来，瓜子皮儿张着，仁儿留下，舌头在里边机智地操作。她将那图案擦净了，天又显出来，窗子的玻璃又不存在了。

她已经注意了你，对你有了认识，也有了疑惑；靠在那里一边嗑瓜子，一边说：

"你不去那边雕个头像吗？"

"我不愿看见我。"

"是在等人？"

"没有要等的人。"

"哦，是失恋了，失恋的人都是这么个苦相。"

"我在看窗上的玻璃。"

"玻璃？"

"我在看着天。"

"看天？灰蒙蒙的，天上有什么？"

"看什么也没有。"

"神经病，来茶亭的尽是些脑子缺一点的人！"

"我就是来求缺的。"

"求缺？！我这里是茶亭！"

"是的，求缺亭。"

她鄙夷地走过去了，不再理你。你终于说出了你来求缺的话，你似乎是满足了；但你得到的满足，你不想再说出来，你心里在感激她，感激她的茶亭。

一阵嬉笑声闯进来了，是一个男的，还有一个女的。坐在了你的面前，你有了桌友了。女的，很俊，将一个同她一样俊美的冰雕头像放在桌上。男的在夸赞头像的可爱，又遗憾眉宇间没有那颗黑痣。你看见了那女的眉宇间果然有一颗黑痣，而且鼻根部位还有好些雀斑。那男的没有说，你也不说，你又看着窗子上的天了。

头像很快融消起来，不但没有那一颗黑痣，眼睛又开始浅了，模糊了，鼻子塌下去；末了，脸成了平面，五官没有了。男的几乎急哭起来，女的却哈哈大笑，然后转笑成怒，举手将头像击成三大块，又将一块狠劲地向窗外掷去。她也看见了窗外的天，也感觉到了窗子玻璃的不存在。"当"的一声，冰块掉在墙根。那窗上的天裂了五条缝。裂的是玻璃，原来玻璃是存在着。

亭里的人都惊呆了。嗑瓜子的服务员就跑了过来。接着双方争吵，不可开交，讨价还价。

你站起来，要走了。你是该去的，晚上的电大课你是不肯耽误的。

二胡

　　越是到了空旷地方，天地似乎有剥离不开的混沌，我越是感受了人的英雄。八月那日去××，携得两狐——一张银狐的皮，一张白狐的皮——回来，一路急行，瘦马快刀地穿过×××峡谷，沿××××草原又是半晌，一道河就从日落处流下来了。雕鹫啸啸，水色如铜呵！翻身下马，从怀里掏出馕"日"地扔到上游，宽衣洗脸；才洗罢，馕已顺流到了跟前，捞起来，分明是软和了；咬一口馕，喝一口水，是将单手掬了水，高扬着，从手腕的窝槽处喝。我便忽然唤起二狐，一个是冰妃，一个是雪姬了！

　　我无意真要做皇帝，但真愿把二狐，不，二胡，当作美女善待呢。西域有慕土塔格峰，世称冰山之父；有卡拉库里湖，二胡就出生在那里。那样的环境，只能以狐的形象生存啊。灵魂与躯体原本就是两回事，圣洁的灵魂或许寄存于非人的躯体，人的躯体或许寄存的是野蛮灵魂。我之所以称二狐是美女，也是它们死亡了狐的生命来与我相见的——

那时候，它们却并不相识，维吾尔族人的村镇集市上，冰妃是在北口的葡萄架上挂着，雪姬又在东南角的一家帐篷货店里，这中间是一排一溜的木板搭成的货摊，咕咕涌涌堆集着地毯、毛线团、花帽、纱巾和各式各样的刀具和巴达木。强烈的阳光，奇异的色彩，热腾腾的膻味，我们满头大汗地在那里拥挤，一抬头，我瞧见葡萄架下的冰妃了！相见是那样的骤然，我几乎不敢相信这是现实。那是悬挂着的七八张狐皮和雪豹皮，但冰妃脱颖而出，雪白的绒上一层蓝灰的毛，其实并不是蓝灰的毛；白绒的毛尖上一点点的蓝灰，这就如雪地上均匀而稀落的狗尾子干草，立即使其成白纯若冰色的晶莹。它小小的脸，长目尖嘴，尾大如帚。我近去将冰妃卸下来揽在怀里，不忍心这么被吊在那里，即使被吊着在展示一种美丽，我也不情愿美丽泛滥给每一个集市上的人。我说：这狐我要买了！似乎这话是对银狐说的，是信誓旦旦的承诺。同伴忙制止我，悄声说，你这么个急切劲，卖主就会漫天要价的；越是想买，越是装作可买可不买的样子最好。进疆以来，我一直听同伴安排的，他的话或许正确。我将冰妃重新挂在了架上，但我却再不愿离开那里。年前，我居住的古城剿灭无证养狗，城南的广场上枪杀了上百条，轮到了一条栗色的，美丽非凡，竟使所有执法者都慈悲起来，不约而同地决定放生，就让一个郊区的农民牵走了。一百条狗中幸存下一条，这狗一定是什么神灵或魔鬼变的。我四处打问那个收留狗的郊区的农民，但终无音讯。如今我立在葡萄架下，在斑斑驳驳的阴影里，我与冰妃对视传情，那俊俏的脸有吃惊的神色，没有妖气而显一派幼稚和纯真。同伴在呼喊着谁是卖主，大胡子的卖主却去做祈祷了。在远处的砖台前的太阳白光下，他和七八个人垂头在念叨着什么，一会儿匍匐在地，一会儿又站起——好久好久的时间了，才走过来，与同伴在说维语。双方似乎都说得不高兴起来，同伴过来拉了我就走。我不想离开，但我还是被强行拖走了。在拐弯处，同伴说人家要一千五，他给八百，无法成交，咱们去别处看看，说不定会有比这张更好的狐皮的。我们就往集市的南头走，又往东走和西走，果然就在东南角的一家帐篷里遇见雪姬了。雪姬也是极美艳的尤物，通体雪白，没一点儿杂色，我感觉里这一定是冰妃的姊妹。年轻的卖主很随和，他开价也是一千二，我们压价到八百，终以九百元买下，皆大欢喜。我把雪姬盘作一盘抱在怀里，我的口对着它的口，我意识到我是吃过蒜的，便偏过头去。依然要经过北口，偏要给冰妃的卖主瞧瞧。卖主说：多少钱呀？同伴说：同你的那条一个样吧，八百元！卖主并不生气，说，一样？你比比吧！把冰妃从架上取下来，两狐就在这一时间认识了。它们真是姊妹的缘分，长短不差，粗细难分，但一个呈雪色，一个则是青白，冰妃果然是比雪姬颜色要好的。这不免有些尴尬，似乎对不住了冰妃。但已经买了雪姬，就不能生出嫌弃心，我们就往外走，但我却一步一回头地看冰妃，甚至感到它在葡萄架下哭泣。太阳斜在了头后，自己踩着自己的影子，我真恨我；雪姬和冰妃都是在这里的，难道这姊妹就要从此分离吗？为一千元就可以失去它吗？那年在南方的某城，目睹过夜街上三三两两企盼着能被人选中的年轻妓女，曾感叹过自己若有巨资一定赎了她们发放回去，而如此纯美的尤物，竟要因一千元而失却恻隐心，让它孤零零悬挂在人市上吗？我终于停下步，说："我还要买它！"同伴吃惊地说："还要买？！"我说："买！"语气坚决。我们就又返回来，再次交涉，以一千元得到了冰妃。我递过钱了，卖主把冰妃从葡萄架上卸下来，我先拎着它的脖子，又托在膊弯，一下一下抚摩茸茸的毛，一举一动非常稳实。夏末的阳光与树上的蝉声有着一种远意。

狐易于成妖，一般人都这么认为，当二狐随我来到西安，安置在床头的衣架上，朋友们皆惊羡着它们的美丽，却对于藏之卧室有恨恨声。人际间的怀疑、猜忌、争斗太多了，怎么看狐也是这般目光？它们姊妹是从西域来的，西域有佛，玄奘也去那里取经的；即使它们无佛意，一身的野性和率真，在这卑微而琐碎的都市里自有风流骚韵。我从此改它们姓为胡，二胡，依然称作妃与姬的，尊其高贵。每天的每天，我瞧着它们入睡，天明睁开第一眼就又看见了它们，心里充满无比的安定。就在这一个夜里，读罢了《西游记》，可笑了一回猪八戒，时时想回高老庄，便去弹起古琴，琴弦嘣地断了；又去弹琵琶，琵琶也是断了弦，就知道有了知己。

缘分

一九九五年七月，周涛邀我和宋丛敏去新疆，支使了郭不、王树生陪吃陪住陪游。先在乌鲁木齐一礼拜，还要再往西去，王树生因事难以远行，就只剩下郭不。郭不说：没事，我有的是拳脚，什么地方不能去的？三人便换了长衫，将钱装在裤衩兜里，坐飞机便到了喀什。

依周涛原定的计划，在喀什由喀什公安处接待。但一下飞机，有一个女的却找到我们，自我介绍叫郭玉英，丈夫是南疆军区的检察长，是接到周涛的电话来迎接的，问我们将住在什么宾馆。我们还不知道公安处的安排，郭玉英说："喀什就那么些大，到时候我来找，话说死，明日下午两点我来接你们去军区！"到了喀什，住在一家宾馆，宋丛敏就忙得鬼吹火。他是曾在这里工作过，给一个熟人打了电话，这个熟人竟联络了十多个熟人，于是，我和郭不又随着他不停地接待拜会，又去拜会他人。第二天的下午两点，专等着那个郭玉英，可两点钟没有来，直过了两个小时，估计郭玉英寻不着我们；正好是礼拜日，她去公安处了不好打听，我们又未留下她的电话，只好以后再说吧。四点二十，宋丛敏的旧友老曾来了电话，一定要让去他家，说馕已买下了，老婆也和了面，晚上吃揪面片。我们应允了，老曾说五分钟后他开车来接。刚过三分，门被敲响，惊奇老曾这么快的，开了门却是郭玉英。郭玉英满头大汗，说她在城里一个宾馆一个宾馆地找，找了两个多小时的。正说着，老曾就来了，这就让我们很为难，不知该跟谁走？郭玉英说："当然去军区，老曾你得紧远路客吧。"老曾无可奈何，就给家里挂电话，让老婆停止做揪面片，相跟着一块去军区。

军区在疏勒县，郭玉英的丈夫并不在家，郭玉英让我们吃着水果歇着，她去找检察长。约莫五分钟吧，一个军人抱着一块石头进屋，将石头随手放在窗下，说他姓侯，抱歉因开会没能去城里亲自迎接。我们便知道这是侯检察长了。接着郭玉英也进来，也是抱一块石头，径直放到卧室去。我是痴石头的，见他们夫妇都抱了石头回来，觉得有意思，便走到窗下看那石头，不看不知道，一看就大叫起来。这石头白色，扁圆状，石上刻凿一尊菩萨的坐像。我忙问，"哪儿找的？"老侯说："从阿里弄的。"我说："你也收藏石头？"他说："给别人弄的。"老侯似乎很平静，说过了就招呼我们去饭馆吃饭。我把石头又抱着看了又看，郭不悄悄说："起贪婪心啦？！"我说："我想得一块佛画像石差不多想疯了，没想在这儿见着！"郭不笑笑，再没有说话。

在饭桌上，自然是吃酒吃菜。我不喝酒，但大家却都喝得高兴，也没那些礼节客套，一尽儿随形适意。老侯是言语短却极实在人，对我们能到他这里来感到高兴，说新疆这里也没什么好送的，只是英吉沙小刀闻名于世，他准备了几把。郭不就给老侯敬酒，说，老侯，你真要送个纪念品，我知道贾老师最爱的是石头。我去过他家，屋里简直成了石头展览馆了，你不如把刚才抱的那个石头送给他。郭不话一出口，我脸就红了，口里支吾道："这，这……"心里却感激郭不知我。老宋更趁热打铁，说："平凹也早有这个意思！"老侯说："贾老师也爱石头？那我以后给你弄，这一块我答应了我的一个老领导的。你说那石头好吗？"我说："好！"郭不说："贾老师来一趟不容易，给老领导以后再弄吧，这一块让贾老师先带上。"老侯说："那好。这一块给贾老师！"我、老宋、郭不几乎同时站起喊了个："好啊！"给老侯再续酒，又续酒。

吃罢饭，就去老侯家就取了石头。这石头我从疏勒抱回喀什，从喀什抱回乌鲁木齐，从乌鲁木齐抱回西安，现供奉在书房。

日日对这块石头顶礼膜拜时，我总想：如果当时在乌鲁木齐决定去北疆还是去南疆时不因老宋曾在喀什工作过而不去南疆，这块佛像石就难以得到了。如果到了喀什，周涛未给郭玉英打电话，这块佛像石也难以得到了。如果那个礼拜天郭玉英迟来两分钟，我们去了老曾家，这块佛像石也难以得到了。如果去了郭玉英家，老侯先一分钟把佛像石抱回家然后在门口迎接我们，这块佛像石也难以得到了。如果老侯抱了佛像石如郭玉英一样抱放在卧室，我们不好意思去人家卧室，这块佛像石也难以得到了。如果老侯的老领导还在疏勒，这块佛像石也难以得到了。如果酒桌上郭不不那么说话，我又启不开口，这块佛像石也难以得到了。这一切的一切，时间卡得那么紧，我知道这全是缘分。我为我有这个缘分而激动得夜不能寐，我爱石，又信佛，佛像石能让我得到，这是神恩赐给我的幸运啊！

为了更好地珍藏这块佛像石，我在喀什详细了解了这佛像石的来历，在乌鲁木齐又请一些历史学家论证，回到西安再查阅资料，得知：

一、此佛像石来自西藏阿里的古格王国。古格王国始于七百年前，终于三百年前。王国城堡遗址至今完好，有冬宫和夏宫，宫内四壁涂赤红色，壁画奇特。墙壁某处敲之空响，凿开里边尽是小欢喜佛泥塑，形象绝妙。但为模范制作。王国传说是在一场战争中灭亡的，现随处可见残戈断剑、人的头骨、马的遗骸。山下通往山上的通道两旁，摆着这种佛像石，是当地佛教徒敬奉或来此处祈祷神灵而择石凿刻的。

二、阿里属西藏的后藏，从喀什坐三天三夜汽车，翻越海拔四千五百米以上的雪原，再行二百里方能到城堡的山下，一般人难以成行，成行又难以安全翻越雪原。即使到了城堡，还有藏族群众在城堡看守，并不是想拿什么就能拿了什么。

三、石是雪原上的白石，不是玉，却光洁无瑕，质地细腻，坚硬有油色。菩萨造型朴而不俗美而不艳，线条简约，构图大方，刻工纯熟，内地四大佛窟的塑像和永乐宫彩绘皆不能及。更可贵的是，任何人见之，莫不感受到一种庄严又神圣的气息，可能是当地的信徒是以极虔诚的心情来刻凿的，与别处为塑像而塑像或纯艺术的塑像雕刻不同，又在西藏佛教圣地数百年，有了巨大的磁场信息。

有缘得此佛石，即使在喀什，许多信佛者、收藏奇石人、学者、画家、作家皆惊叹不已，他们知道有这种佛石，谋算了十多年未能如愿以偿。此佛石归我后，正是我《白夜》出版的本月，对着佛石日夜冥思，我检讨我的作品里缺少了宗教的意味。在二十世纪的今日中国，我虽然在尽我的力量去注视着，批判着，召唤着，但并未彻底超越激情，大慈大悲的心怀还未完全。那么，佛石的到来，就不仅仅是一种石之缘和佛之缘，这一定还有别的更大的用意，我得庄严地对待，写下文字的记录。

养鼠

　　买了十三楼的一个单元房做书房，以为街道的灰尘不会上来，蚊子不会上来，却没想到上来了老鼠。老鼠是怎么上来的？或许是从楼梯，一层一层跑上来；或许沿着楼外的那些管道，很危险地爬上来。可以肯定的是这只是一只老鼠，因为我见过一次，是那天早上一开门，它正立在客厅，门猛地一响，似乎吓了一跳，跌坐在地上，便立即起身钻到另一个房间去了。我的朋友来我处借书的时候也见过一次，它站在那个古董架上洗脸，一闪就不见了。它一拃多长，皮毛淡黄，尖嘴长尾，眼睛漂亮。老鼠就是老鼠，生下来就长了胡子，但它仍是只年幼的老鼠。书房里突然有了老鼠，我得赶紧检查房子的漏洞。我是从来不开窗子的，进门也是顺手关门，我发现柜式空调的下水管那儿有空隙，便把它堵严了。老鼠如同麻雀一样，离不开人，要在屋檐下筑窝，但又不亲近人，人一靠近就跑了。老鼠和我仅打过那一次照面，之后再没有见过，而我不愿意它留在书房。要把老鼠捉住或撵走，到处堆满了书籍报刊和收集来的古董玩物，清理起来十分困难，这就无法捉住和撵走。我也买了鼠药放在墙角，它根本不吃；又买了好几块粘鼠板摆在各处，它仍不靠近。反倒是我有一次不经意踩上了，鞋子半天拔不出来。书房唯一出口就是大门，晚上开了门让它走吧。可在城市的公寓楼上，晚上怎敢大门不关呢？何况还可能有另外的老鼠进来。那怎么办？既然无法捉住它和撵走它，它又无法自己出去，毕竟是一条生命，那就养吧。一养便养了四年，我还在养着。

养老鼠其实不费劲，给它提供食物就是。我的书房离我居住的家较远，我是每天早上来到书房，晚上再回到家去。第一次我在晚上离开书房时将一块馒头放在一块干净的秦砖上，第二天早上再来时，那馒头就不见了。但当天晚上没有了馒头，把剩下的石条放在那儿，早上再来时，石条竟然完好无缺。我以为它是从什么地方出去了，或者是死了，就又在离开时放上馒头，以测试我的猜想。可隔了一夜，却发现馒头又没了。我这才知道它是不吃石条的。以后的日子，我没有给它留剩饭，常在冰箱里备有两三个馒头。数月后，到了秋天，楼下的馒头店搬走了，没有了馒头，我就放了花生，有生花生和油炸过的花生，但它好像仅吃个三粒就不吃了。我以为松鼠是吃松子的，松鼠和老鼠应该是同一类，我在超市里发现有卖松子的，买了一包，回书房放了，还说："给你过个生日！"可它也不吃松子。我就有些生气。什么嘴呀，这么挑食的?! 朋友请吃饭，剩下的鱼呀，排骨呀，油饼、锅盔和饺子拿回来，全给它放了，它只吃锅盔。馒头和锅盔放得干了硬了，它也不吃。有一次我买了晚饭，剩下一根火腿肠，趁晚上放在那里了。那么长的一根火腿肠，它竟吃得一点渣屑都不剩。原来它可以吃肉的，不要带骨头的那种。我每次外出吃饭，便给它带些剩肉，它却又不吃了。丸子不吃，糯米团不吃，方便面不吃，核桃仁葡萄干不吃；豆腐吃过一次，再放就不吃了。那它还吃什么呢？我想起一首歌：我爱你，就像老鼠爱大米。抓了一把米放在那里，结果它根本不吃。我看过漫画，老鼠是偷油的，也会抱着鸡蛋，就在碟里放了菜油，它没有吃；放过一颗鸡蛋，它也没有动。而朋友送来的水果，比如梅子、苹果、梨、香蕉、猕猴桃，它只吃香蕉和猕猴桃。但也只是在香蕉和猕猴桃上咂出一个小洞，吃一点就是了。它还是喜欢吃馒头和锅盔。我就笑了，陕西人爱吃这些，它还真是陕西的老鼠。有时我也冒出一个想法，这老鼠咋和我的饮食习惯差不多：不要求多奢华，但一定要讲究？太软的馒头和锅盔不吃，太硬的馒头和锅盔不吃；锅盔不吃边棱儿，馒头不吃皮儿。

我的书房里拥挤不堪，但还算乱中有序，除了几十个书架，这儿一摞书籍，那儿一堆报刊，再就是那些偶像，佛教的、道教的、儒教的；更多的是秦汉唐的陶器、木刻、石雕，石雕又是什么动物的人物的都有。我每次进去，都肯定要焚香的，让诸神的法力充满房间。要离开了，就拍着那只大石狮，它是人面狮身的瑞兽：给咱守护好呀！然后再高声对老鼠说："馒头节省着吃，渴了不要喝佛前的净水，给你喝的水在盒子里。"我到了外边，尤其是晚上，想着那么大的房间里，堆放了那么多东西，那些东西都不动，只有老鼠在其中穿行，如同巡夜一般，心里便充满了乐意。

但我仍对老鼠发过两次火。一次我翻检那些汉唐石碑的拓片，发现有三四张被咬破了。我勃然大怒，骂道："老鼠，你听着，你竟敢咬我的拓片？我警告你，如果再敢咬书咬纸，我清理整个房间也要把你打死！"从此，再没有发现它咬碎过什么。另一次，我擦拭客房中堂的案桌，案桌上供奉着唐时的一尊铜佛和文殊普贤两位菩萨的石像，竟然有了老鼠的屎粒和尿渍。我再一次火冒三丈，大声警告："你去死吧，老鼠！去死吧，明天我抱一只猫来。"但我去市场买猫的时候，主意又变了，何必要它的性命呢？返回来给佛上了香，又供上水果和鲜花。我听见什么地方响了一下，我猜想肯定是老鼠在暗处耍我。我没有回头，只说了一句："你记着！"

朋友们知道我在书房养着老鼠，都取笑我，作践我。我说："这是一只听话的老鼠。"他们说："听话？该不会说这是一只有文化的老鼠吧。"我脸上发烧，说："它进来了，不得出去，我能不养吗？或许是一种缘吧。"

和老鼠能有什么缘呢？我的小女儿是属老鼠的，我的一些朋友也是属老鼠的。小女儿的到来和朋友之间的交集，那都是上天的分配，或者说磁铁吸的就是螺丝帽儿和钉子啊。小女儿让我有操不尽的心，朋友中有帮助过我的也有坑害过我的。但你能刀割水洗了小女儿和朋友吗？世上有那么多的老鼠，为什么偏就这一只老鼠进了我的书房？它从地面到十三楼，容易吗？它是冲着书籍来的，冲着古董玩物来的？那它真是有文化的老鼠了。如果它没有文化，那四年了，它白天里要看我读书写作，听我和朋友们说文论艺，晚上又和书籍古玩在一起，也该有些文化了吧。

所以我觉得我养了老鼠并不丢人，也不是无聊。四年里我没有加害它，没有让它挨饿；我没有奴役它，也没有从它那儿博取什么快活。它好像能知冷知热，我曾见过它蜕下的毛，也似乎没生过病。它除了犯那两次错，后来再没有咬噬过什么，也不再到有佛像的条案和架子上去。我们互不见面，我就是每天放食或隔空喊话；它在某处偷偷耍我，偶尔到我梦中。但有一天，我突然担心起来，它是不是太孤单了。我并不知它是公是母，可无论公母它都是单身呀。它得有情欲呀，它得有后代呀。我多么希望它能出了这个房子，到楼下的花园里去寻找它的伙伴。但它就是没有出去。我终于决定在一个夏夜把大门打开。我就坐在客厅里，拉灭了灯，连烟都不敢吸，让它出门；还在心里念了《大悲咒》，让它离开。到天明了，我只说它是出去了。当天我离开时又放了馒头，想证实它是真出去了。等我再一次回来，一开门就看秦砖上的馒头还在不在。我那时是既盼望馒头还在又盼望馒头不在。要是馒头还在，那它真的是走了，我心里还有些不舍。可一看，馒头竟没有了。天呀，它还在！我就笑了，说："那好，那好，行走！"我在瞬间叫它"行走"，因我的书房名是上书房，而古时候上书房是皇帝读书的地方，能自由出入上书房的官就叫上书房行走。我也把我的老鼠叫作了行走。

2014年9月24日下午，我在书房里写小说，到了黄昏，写累了，摘下眼镜凝视对面的佛像。我的写字台安放在大房间的南边，北边是两个木架，上面摆放的全是铜的铁的石的木的佛像。我看着佛像，祈望神灵赐给我智慧的力量，才一低头，却看见老鼠就在那木架前的地板上。四年了，这是我第二次看到它。它还是那么一拃长，皮毛淡黄。它在那里背向着我，突然上半身立起来，两只前爪举着，然后俯下身去；上半身立起举着前爪，又俯下身去。我一下子惊呆了，也感动不已。我没有弄出声响，看着它做完三次动作，然后便去了另一个房间。等它走了，我吁了一口气，放下正写的小说，就写下了这篇小文。

CHAPTER 3

读书本是无用事

不要论他人短长是非

也不必计较自己短长是非让人去论

不热羡，不怨恨，以自己的生命体验着走

这就是性格和命运。命运会教导我们心理平衡

十一篇书信

一

盛夏人皮是破竹篓，出汗淋漓如漏。老母坐不住家，一日数次下楼去寻老太太们闲聊，倒不嫌热。我也以写书避暑（坐桌前以唾液沾双乳上，便有凉风通体。此秘诀你可试试，不要与玩麻将者说）。写书宜写闲情书。能闲聊是真知己，闲情书易成美文。但母亲没喝水的习惯，怕她上火，劝多喝水，她说口里不要，肚里也不要。我和妹妹都是能喝水的，来家的那些朋友，也无一不能喝。今早忽然醒悟，蹲机关的人上了班都是一支烟、一杯水、一张报的，母亲则是从来没有工作过！

来时不必带土产，有便车捎些西瓜给母亲即可。切切。

二

我倒不信你能江郎才尽，瞧照片上，腰又大了一圈，那里边装什么？文坛上有人是晨鸡暮犬，他们出于职责，当可闻鸡而起，听吠安睡；有人则是老鼠磨牙，咬你的箱子磨他的牙罢了。前年你写那部书一成功，我就知道你要坏了人缘的，现在果然是，但麻将桌上连坐五庄，必然要得罪人，输家是有资格发脾气，也可以欠账，也可以骂人呀。只担心你那口疮，治得如何？口要善待才是，除了吃饭，除了在领导面前。

说"是"外，将来那些人还要请你去谈创作经验啊！

三

因养了一盆郁金香，会开到一半我就溜了，听说×××颇有微词？我这屁股坐惯了书桌前的椅子，坐主席台上的椅子不自在。你几时来看花？美人不说话就是花，花一说话就是美人。

四

我当主编，忙的却是你们，几次想卸了这帽子，但卸不了，这也是不理事当不了官，能当大宫不要理事。天这么热，办公室又没空调，不知买没买人丹丸？我赶了半天写下这期《读稿人语》，让小施捎去，再让捎去一盘五色冰激凌。六块，一人三块。吃罢将盘子一定还我。

五

　　儿女小时可以打，如拍打衣服上的土，稍大了就是皮球，越打越蹦得高。我大学毕了业，先父还踢我一脚，待到后来一日，他吸烟，也递我一支，我才知道我从此不挨打了。但有人说父子如兄弟，如同志，那倒又过分，因为儿女的秉性是永远不崇拜父母的。我女儿看三流电视剧也伤心落泪，读我的书却总认为是她看着我写的，不是真的。让她去吧，龙种或许生跳蚤，丑猪或许养麒麟，只需叮咛"吃喝嫖赌不能抽（大烟），坑蒙拐骗不能偷（东西）"就罢了。窑炉只管烧瓷罐，瓷罐到社会上去，你能管得着去做油罐还是尿罐？老江说组织一次南山游的，又不见了动静，如果南山去不成，三月十五日午时去豪门菜馆吃海鲜，我做东。

六

空气装在皮圈里即为轮胎，我如果能手一抓就一把风，掷去砸人，先砸倒那姓曹的！盛世的皇帝寿命都高，因为他为国人谋福利。损人利己者则如通缉的逃犯，惶惶不可终日，岂能身体安康？发不义之财，若不做慈善业消耗，如人只吃饭而不长肛门，终有一日自己把自己憋死。

那只鳖不能让山兄去放生，他会放生到他的肚腹去。

七

不要嫌老婆脸黑，黑是黑，是本色，将来生子，还能卖好价钱的面粉。那日到×校开会，去了那么多作家，主持人要我站起来让学生们看看，我站起来弓腰点头，掌声雷动，主持人又说：同学们这么欢迎你，你站起来嘛！我说我是站起来的呀！主持人说：噢，你个子低。掌声更是雷动。我不嫌我个头矮，人不是白菜，大了好卖。做人不要心存自己是女人或是男人，也不必心存自己丑或自己美，一存心就坏了事。以貌取人者是奴才，与小奴才计较什么？

八

我要闭门写作呀，有事三十天后见。若有人寻到你打问我的行踪，只说我自杀了。记住，是安乐死，不是上吊，上吊吐舌头形象不佳。

九

能让别人利用，也是好事。研究《红楼梦》可以当博士，画钟馗可以逼鬼，给当官的当秘书可以自己当官。藤蔓多正因着你是乔木。无山不起云，起云山显得更高，若你周围没那些营营之辈，你又会是何等面目？朋友都是走了的好。今夜月光满地，刚才开窗我还以为巷口的下水道又堵塞，是水漫淹，就想你若踏水来访多好！我可教你作曲解烦。作曲并不难，"言之不尽歌咏之"，曲就是把说不尽的话从心里起便放慢音节哼出来，记下便可了，如记不下，旁边放录音机来录。学那钢琴就非是一月半月能操作，且十个指头，怎能按得住一百零八个键呢？

十

买书不要买豪华本，豪华本的书那是卖给不读书的人的。读书也不必只读纸做的书，山水可以读，云雨可以读，官场可以读，商界可以读。赌徒和妓女也都是书。只在家读书本，读了书还是读书，无异于整日喝酒、打牌和吸烟土，于社会、家人有什么好处？

得空来吃茶，我前日得明前茶一罐。

十一

6月16日粤菜馆的饭局我就不去了。在座的有那么多领导和大款，我虽也是局级，但文联主席是穷官、闲官，别人不装在眼里，我也不把我瞧得上，哪里敢称作同僚？他们知道我而没见过我，我没有见过人家也不知道人家具体职务，若去了，他们西装革履我一身休闲，他们坐小车我骑自行车，他们提手机我背个挎包，于我觉得寒酸，于人家又觉得我不群，这饭就吃得不自在了。要吃饭和熟人吃着香，爱吃的多吃，不爱吃的少吃，可以打嗝儿，可以放屁，可以说趣话骂娘，和生人能这样吗？和领导能这样吗？知道的能原谅我是懒散惯了，不知道的还以为我对人家不恭。为吃一顿饭惹出许多事情来，这就犯不着了。酒席上谁是上座，谁是次座，那是不能乱了秩序的，且常常上座的领导到得最迟，菜端上来得他到来方能开席，我是半年未吃了海鲜之类，见那龙虾海蟹就急不可耐，若不自觉筷先伸了过去如何是好？即便开席，你知道我向来吃速快，吃相难看，只顾闷头吃下去，若顺我意，让满座难堪，也丢了文人的斯文，若强制自己，为吃一顿饭强制自己，这又是为什么来着？席间敬酒，先敬谁，后敬谁，顺序不能乱，谁也不得漏，我又怎么记得住哪一位是政府人，哪一位是党里人？而且又要说敬酒词，我生来口讷，说得得体我不会，说不得体又落个傲慢。敬领导要起立，一人敬全席起立，我腿有疾，几十次起来坐下又起来我难以支持。我又不善笑，你知道，从来照相都不笑的，在席上当然要笑，那笑就易于皮笑肉不笑，就要冷落席上的气氛。更为难的是我自患病后已戒了酒，若领导让我喝，我不喝拂他的兴，喝了又得伤我身子，即使是你事先在我杯中盛白水，一旦发现，那就全没了意思。官场的事我不懂，写文章又常惹领导不满，席间人家若指导起文学上的事，我该不该掏了笔来记录？该不该和他辩论？说是不是，说不是也不是，我这般年纪了，在外随便惯了，在家也充大惯了，让我一副奴相去逢迎，百般殷勤做妓态，一时半会儿难以学会。而你设一局饭，花销几千，忙活数日，图的是皆大欢喜，若让我去尴尬了人家，这饭局就白设了，我怎么对得住朋友？而让我难堪，这你又于心不忍，所以，还是放我过去，免了吧。几时我来做东，回报你的心意，咱坐小饭馆，一壶酒，两个人，三碗饭，四盘菜，五六十分钟吃一顿！如果领导知道了要请我而我未去，你就说我突然病了，病得很重，这虽然对我不吉利，但我宁愿重病，也免得我去坏了你的饭局而让我长久心中愧疚啊。

好读书

　　好读书就得受穷。心用在书上，便不投机将广东的服装贩到本市来赚个大价，也不取巧在市东买下肉鸡针注了盐水卖到市西；车架后不会带单位几根铁条几块木板回来做做沙发，饭盒里也不捎工地上的水泥来家修个浴池。钱就是那几张没奖金的工资，还得抠着买涨了价的新书，那就只好穿不悦人目的衣衫，吸让别人发呛的劣烟，吃大路菜，骑没铃的车。但小屋里有四架五架书，色彩之斑斓远胜过所有电器；读书读得了一点新知，几日不吃肉满口仍是余香。手上何必戴那么重的金银，金银是矿，手铐也是矿嘛！老婆的脸上何必让涂那么厚的脂粉，狐狸正是太爱惜它的皮毛，世间才有了打猎的职业！都说当今贼多，贼却不偷书，贼便是好贼。他若要来，钥匙在门框上放着，要喝水喝水，要看书看书。抽屉的作家证中是夹有两张国库券，但贼不拿，说不定能送一张字条："你比我还穷?！"三百年后这字条还真成了高价文物。其实，说穷也不是穷到要饭，出门还是要带十元钱的；大丈夫嘛，视钱如粪土，它就只能装在鞋壳里头。

好读书就别当官。心谋着书，上厕所都尿不净，裤裆老是湿的，哪里还有时间串上级领导的家去联络感情？也没有钱，拿什么去走通关关卡卡？即使当官，有没有整日开会的坐功？签发的文件上能像在新书上写读后感一样随便？或许知道在顶头上司面前要如谦谦后生，但懒散惯了，能在拜会时屁股只搭个沙发沿儿？也懂得猪没架子都不长，却怎么戏要成性突然就严肃了脸面？谁个要整，要防谁整，能做到喜怒不露于色？何事得方，何

事得圆，能控制感情用事？读书人不反对官，但读书人当不了好官；让猫拉车，车就会拉到床下。那么，住楼就住顶层吧，居高却能望远；看戏就坐后排吧，坐后排看不清戏却看得清看戏的人。不要指望有人来送东西，也不烦有人寻麻烦；出门没人见面笑，也免了有朝一日墙倒众人推。

好读书必然没个好身体。一是没钱买蜂王浆，用脑过度头发稀落，吃咸菜牙齿好肠胃虚寒；二是没权住大房间，和孩子争一张书桌，心绪浮躁易患肝炎；三是没时间，白日上班，晚上熬夜，免不了神经衰弱。但读书人上厕所时间长，那不是干肠，是在蹲坑读书；读书人最能忍受老婆的嘟囔，也不是脾性好，是读书入了迷两耳如塞。吃饭读书，筷子常会把烟灰缸里的烟头送到口里，但不易得脚气病，因为读书时最习惯抠脚丫子。可怜都是蜘蛛般的体形，金鱼似的肿眼；没个倾国倾城貌，只有多愁多病身。读书人的病有读书病的药，药不在《本草》而直接是书，一是得本性酷好之书，二是得急需之书，三是得未见之书。但这药医生常不用，有了病就让住院，住院也好，总算有了囫囵时间读书了。所以，约伙打架，不必寻读书人，那鸡爪似的手没四两力；要欺负也不必对读书人，老虎吃鸡不是山中王。读书人性缓，要急急不了他；心又大，要气气不着。要让读书人死，其实很简单，给他些樟脑丸，因为他们是书虫。

说了许多好读书的坏处，当然坏处还多，譬如好读书不是好丈夫，好读书没有好人缘，好读书性古钻。但是，好读书必有读书的好，譬如能识天地之大，能晓人生之难；有自知之明，有预料之先；不为苦而悲，不受宠而欢；寂寞时不寂寞，孤单时不孤单。所以绝权欲，弃浮华，潇洒达观，于嚣烦尘世而自尊自重自强自立不卑不畏不俗不谄。说到这儿，有人在骂：瞧，这就是读书人的酸劲了。为什么不说"万般皆下品，唯有读书高"呢？真是阿Q精神喽！这骂得好，能骂出个阿Q来，便证明你在读书了；不读书怎么会知道鲁迅先生曾写过个阿Q呢?！因此还是好读书的好。

朋友

　　朋友是磁石吸来的铁片儿、钉子、螺丝帽和小别针，只要愿意，从俗世上的任何尘土里都能吸来。现在，街上的小青年有江湖义气，喜欢把朋友的关系叫"铁哥们儿"。第一次听到这么说，以为是铁焊了那种牢不可破，但一想，磁石吸的就是有关铁的东西呀。这些东西，有的用力甩甩就掉了，有的怎么也甩不掉，可你没了磁性它们就全没有喽！昨天夜里，端了盆热水在凉台上洗脚，天上一个月亮，水盆里也有一个月亮，突然想到这就是朋友么。

　　我在乡下的时候，有过许多朋友，至今二十年过去，来往的还有一二，八九皆已记不起姓名，却时常怀念一位已经死去的朋友。我个子低，打篮球时他肯传球给我，我们就成了朋友，数年间形影不离。后来分手，是为着从树上摘下一堆桑葚，说好一人吃一半的，我去洗手时他吃了他的一半，又吃了我的一半的一半。那时人穷，吃是第一重要的。现在是过城里人的日子，人与人见面再不问"吃过了吗"。在名与利的奋斗中，我又有了相当多的朋友，但也在名与利奋斗的过程中，我的朋友变换如四季。……走的走，来的来，你面前总有几张板凳，板凳总没空过。我做过大概的统计，有危难时护佑过我的朋友，有贫困时周济过我的朋友，有帮我处理过鸡零狗碎事情的朋友，有利用过我又反过来踹我一脚的朋友，有诬陷过我的朋友，有加盐加醋传播过我不该传播的隐私而给我制造了巨大麻烦的朋友。成我事的是我的朋友，坏我事的也是我的朋友。有的人认为我没有用了不再前来，有些人我看着恶心了主动与他断交，但难处理的是那些帮我忙越帮越乱的人，是那些对我有过恩却又没完没了地向我讨人情的人。地球上人类最多，但你一生的交往最多的却不外乎方圆几里或十几里；朋友的圈子其实就是你人生的世界，你的为名为利的奋斗历程就是朋友的好与恶的历史。有人说，我是最能交朋友的，殊不知我的相当多的时间却是被铁朋友占有，常常感觉里我是一条端上饭桌的鱼，你来捣一筷子，他来挖一勺子，我被他们吃剩下一副骨架。当我一个人坐在厕所的马桶上独自享受清静的时候，我想象坐监狱是美好的，当然是坐单人号子。但有一次我独自化名去住了医院，只和戴了口罩的大夫护士见面，病床的号码就是我的一切，我却再也熬不了一个月，第二十七天里翻院墙回家给所有的朋友打电话。也就有人说啦：你最大的不幸就是不会交友。这我便不同意了，我的朋友中是有相当一些人令我吃尽了苦头，但更多的朋友是让我欣慰和自豪的。过去的一个故事讲，有人得了病看医生，正好两个医生一条街住着。他看见一家医生门前鬼特别多，认为这医生必是医术不高，把那么多人医死了，就去门前只有两个鬼的另一位医生家看病。结果病没有治好。旁边人推荐他去鬼多的那家医生看病，他说那家门口鬼多这家门口鬼少。旁边人说：那家医生看过上万人的病，死鬼五十个；这家医生在你之前就只看过两个病人呀！我想，我恐怕是门前鬼多的那个医生。根据我的性情、职业、地位和环境，我的朋友可以归两大类：一类是生活关照型。人家给我办过事，比如买了煤，把煤一块一块搬上楼；家人病了找车去医院；介绍孩子入托。我当然也给人家办事，写一幅字让他去巴结他的领导，画一张画让他去银行打通贷款的关节，出席他岳父的寿宴。或许人家帮我的多，或许我帮人家的多，但只要相互诚实，谁吃亏谁占便宜就无所谓，我们就是长朋友，久朋友。一类是精神交流型。具体事都干不来，只有一张八哥嘴，或是我慕他才，或是他慕我才，在一块谈文道艺，吃茶聊天。在相当长的时间里，我把我的朋友看得非常重要，为此冷落了我的亲戚，甚至我的父母和妻子儿女。可我渐渐发现，一个人活着其实仅仅是一个人的事，生活关照型的朋友可能了解我身上的每一个痣，不一定了解我的心；精神交流型的朋友可能了解我的心，却又常常拂我的意。快乐来了，最快乐的是自己。苦难来了，最苦难的也是自己。

然而我还是交朋友，朋友多多益善。孤独的灵魂在空荡的天空中游弋，但人之所以是人，有灵魂同时有身躯的皮囊，要生活就不能没有朋友。因为出了门，门外的路泥泞，树丛和墙根又有狗吠。

西班牙有个毕加索，一生才大名大，朋友是很多的，有许多朋友似乎天生就是来扶助他的，但他经常换女人也换朋友。这样的人我们效法不来。而他说过一句话：朋友是走了的好。我对于曾经是我朋友后断交或疏远的那些人，时常想起来寒心，也时常想到他们的好处。如今倒坦然多了，因为当时寒心，是把朋友看成了自己和自己的家人，殊不知朋友毕竟是朋友。朋友是春天的花，冬天就都没有了。朋友不一定是知己，知己不一定是朋友，知己也不一定总是人。他既然吃我，耗我，毁我，那又算得了什么呢？皇帝能养一国之众，我能给几个人好处呢？这么想想，就想到他们的好处了。

今天上午，我又结识了一个新朋友，他向我诉苦说他的老婆工作在城郊外县，家人十多年不能团聚，让我写几幅字，他去贡献给人事部门的掌权人。我立即写了，他留下一罐清茶一条特级烟。待他一走，我就拨电话邀三四位旧的朋友来有福同享。这时候，我的朋友正骑了车子向我这儿赶来，我等待着他们，却小小私心勃动，先自己沏一杯喝起，燃一支吸起，便忽然体会了真朋友是无言的牺牲，如这茶这烟，于是站在门口迎接喧哗到来的朋友而仰天呵呵大笑了。

不能让狗说人话

西安城里，差不多的人家都养了狗，各种各样的狗。每到清晨或是傍晚，小区里，公园中，马路边，都有遛狗的。人走多快，狗走多快；狗走多快，人走多快。狗是家里成员了，吃得好，睡得好，每天洗澡，有病就医，除了没姓氏，名字也都十分讲究。据说城里人口是八百万了，怎么可能呢？没统计狗呀，肯定到了一千万。

这个社会已经不分阶级了，但却有着许多群系，比如乡党呀，同学呀，战友呀，维系关系，天罗地网的；又新增了上网的炒股的学佛的爬山的，再就是养狗的。有个成语是狐朋狗友，现在还真有狗友了。约定个时间，狗友们便带着狗在广场聚会，狗们趁机蹦呀叫呀，公狗和母狗交配，然后拉屎，翘起一条后腿撒尿；狗的主人，都是些自称爸妈的，就热烈地显摆起他家的狗如何地漂亮、乖呀，能殷勤而且多么地忠诚。

忠诚是人们养狗的最大原因吧。人是多么需要忠诚呀，即使

做人最不忠诚的人，他也不喜欢不忠诚的人和动物。因此，这个城里，流浪的狗并不多见，偶尔见到的只是一些走失的狗，而走失的狗往往就又被人收养了。流浪的多是些寻不着活干的人，再就是猫。猫有媚态，却不忠诚，很多猫都被赶出家门了。

　　曾有三个人给我说过这样的事。一个是他们夫妇同岳母生活在一起了十多年，在儿子上了中学后，老人去世了。这几年他养了一只狗，有一天突然发现狗的眼神很像岳母的眼神，从此，总觉得狗就是他岳母。另一个人，他说他父亲已经去世七八年了，但他越来越觉得家里的狗像他父亲，尤其那走路的姿势，嘴角一抽一抽的样子。还有一个，他家的狗眼睛细长，凡是家里人说话，或是做什么事情，狗就坐在墙角，脑袋向前倾着一动不动，而眼睛一眨一眨地盯着，神情好像是它什么都看着了，什么都听着了。他就要说：到睡房去，去了把门撞上！狗有些不情愿，声不高不低咕哝着，可能在和他犟嘴。但狗能听懂人话，人却听不懂狗话，狗话只是反复着两个音：汪汪。

我突然想，狗如果能说了人话呢？

刚一有这想法，我就吓出一身冷汗，天呀，狗如果能说了人话，那恐怖了，每日都有惊天新闻，这个世界就完全崩溃啦！试想想，外部有再大的日头，四堵墙的家里会发生什么呢，老不尊，少不孝，恶言相向，拳脚施暴，赤身性交，黑钱交易，行贿受贿，预谋抢窃，吸大烟，藏赃物，制造假货，偷税漏税，陷害他人，计算职位，日鬼捣棒槌堂而皇之的人世间有太多不可告知外界的。秘密就全公开了。常说泄露天机，每个人都有他的天机，狗原来是天机最容易泄露者，它就像飞机上的黑匣子，就像掌握核按钮的那些大国的总统，令人害怕了。狗其实不是忠诚，是以忠诚的模样来接近人的各个家庭里窃取人私密的特工呀。好的是，这个社会，之所以还安然无恙，仅仅是狗什么都掌握着，它只是不会说人话。

上帝怎么会让狗说人话呢，不会的，能说人话它就不是狗了，也没有人再肯养狗了。

是的，不能让狗说人话，永远不能让狗说人话。

老木的故事

逛街逛到一家卖饺子的饭馆门前，我听到了关于这家饭馆老板的故事。该饺子馆原先是个小门面，几年间生意红火，扩建成了三层楼，老板心思就大了，想：如今什么都讲究个文化，咱也在这饺子上搞搞这劳什子。遂拿出二十万元，请人召集国内一批专家学者来研讨饺子。这些专家学者开了七天会，形成的结论是饺子起源于性崇拜，其形状就是模拟女性生殖器而演变来的。结论汇报给了老板，老板说：我花了二十万就是让你们证明了我是个卖 × 的？！

说故事的是老木，他还要说下去，一个警察直着眼就走来。"把你的刀子交出来！"警察说。老木的提包里是装着一把刀子的，刀子很长，刀把露在提包外。刀子便被警察没收了。老木莫名其妙：为什么要没收刀子？警察说："带刀子上街有抢劫的嫌疑！"老木就愤怒了："那我还带着生殖器的，也该怀疑是强奸犯啦？！"

刀子最终没有被没收。我对老木说，今日的故事我也得给别人说呀，饺子有饮食文化，刀子有治安文化，你这文化人也有文化人文化啊。

说话

我出门不大说话，是因为我不会说普通话。人一稠，只有安静着听，能笑的也笑，能恼的也恼，或者不动声色。口舌的功能失去了重要的一面，吸烟就特别多，更好吃辣子，吃醋。

我曾经努力学过普通话，最早是我补过一次金牙的时候，再是我恋爱的时候，再是我有些名声，常常被人邀请。但我一学说，舌头就发硬，像大街上走模特儿的一字步，有醋熘过的味儿。自己都恶心自己的声调，也便羞于出口让别人听，所以终没有学成。后来想，毛主席都不说普通话，我也不说了。而我的家乡话外人听不懂，常要一边说一边用笔写些字眼，说话的思维便要隔断，越发说话没了激情，也没了情趣，于是就干脆不说了。

数年前同一个朋友上京，他会普通话，一切应酬由他说。遗憾的是他口吃，话虽说得很慢，仍结结巴巴，常让人有没气儿了、要过去了的危险感觉。偏偏一日在长安街上有人问路，这人竟也是口吃，我的朋友就一语未发。过后我问怎么不说，他说，人家也是口吃，我要回答了，那人以为我是在模仿戏弄，所以他封了口。受朋友的启示，以后我更不愿说话。

有一个夏天，北京的作家叫莫言的去新疆，突然给我发了电报，让我去西安火车站接他。那时我还未见过莫言，就在一个纸牌上写了"莫言"二字在车站转来转去等他，一个上午我没有说一句话，好多人直瞅着我也不说话。那日莫言因故未能到西安，直到快下午了，我迫不得已问一个人××次列车到站了没有。那人先把我手中的纸牌翻个个儿，说："现在我可以对你说话了。我不知道。"我才猛然醒悟到纸牌上写着莫言二字。这两个字真好，可惜让别人用了笔名。我现在常提一个提包，是一家聋哑学校送我的，我每每把"聋哑学校"的字样亮出来，出门在外觉得很自在。

不会说普通话，有口难言，我就不去见领导，见女人，见生人；慢慢乏于社交，越发瓜呆。但我会骂人，用家乡的土话骂，很觉畅美。我这么说的时候，其实心里很悲哀，恨自己太不行，自己就又给自己鼓劲。所以在许多文章中，我写我的出生地绝不写是贫困的山地，而写"出生的地方如同韶山"；写不会说普通话时偏写道：普通话是普通人说的话嘛！

一个和尚曾给我传授过成就大事的秘诀：心系一处，守口如瓶。我的女儿在她的卧房里也写了这八个字的座右铭，但她写成了："心系一处，守口如平。"平是我的乳名，她说她也要守口如爸爸。

　　不会说普通话，我失去了许多好事，也避了诸多是非。世上有流言和留言——流言凭嘴，留言靠笔。我不会去流言，而滚滚流言对我而来时，我只能沉默。

茶话

　　今天来喝茶，我喜欢沿用古语：吃茶。一个吃字，加重了茶在生命中的重要性。

　　吃茶是大有名堂的。和尚吃茶是一种禅，道士吃茶是一种道，知识分子吃茶是一种文化，共产党员吃茶是一种清廉。所以，吃茶是品格的表现，是情操的表现，是在混浊世事中清醒的表现。

　　尤其对在座许多人来说，吃茶是我们没有太多金钱的人一种最好的享受。

　　我欢呼西安有这么个茶楼。

　　今天是五月十五日，五和十五的谐音为"吾邀吾"，即我不是被茶楼主人邀来的，是我邀请我自己来的。我想以后我会邀我再来，当然不准备再免费。

　　古人有言：雪澡精神。我说：茶涤灵魂。

　　故拟作对联二。

之一：

雪澡冷梅开花暖，茶涤忙人偷清闲。

之二（修改古书上两句戏言）：

坐，请坐，请上坐；吃，吃茶，吃好茶。

说家庭

家庭是组织的。年轻人组织家庭从没有想到过它的不测——西方人借钱只借给年轻人，因为年轻人能挣得钱来还——年轻人无所畏惧，所以年轻人去当兵，去唱：我想有个家。是的，人活到一定的时候就要有家，这如同小孩子从没有死的恐惧、当科长的职员虎视眈眈看着处长的位子而做梦也不会去篡夺国家主席的权一样。没有家，端一颗热烫烫的心往哪里放？流浪，心只有流浪四方。但是，家庭组成了，淑女一变成佳妇，从此奇男已丈夫，人生揭开了新的一页。新的一页是一张褪色的红纸，惊喜已不产生，幻想的翅膀疲软，朝朝暮暮看惯了对方的脸，再不是读你如读唐诗宋词、看你如看街上流行杂志的封面。我们常常惊叹街上人多如蚁，更惊叹一到晚上，人又到哪儿去了，怎么没有听说谁走错了家门？各自有家，想回的回，不想回的也得回，家庭里边有日子。男女组合了家庭，家庭里的男女或许是土金相生；或许是水火相克；一加一或许等于二，一加一或许等于零甚或为负；一桩苦恼或许二一分半或许一分为二。姑且不说那如漆似胶的夫妇（往往太热乎的夫妇过不到头），广而大之的家庭，日子是整齐地过去，烦恼是无序而来，家家都有一本难念的经。所谓三十而立，以至四十不惑，五十知天命，便是从三十以后，家庭的概念就是烦恼和责任。烦恼是存在的内容，责任是忍耐的哲学，而这个时候孩子是最好的精神寄托，也是最大的维护家庭的借口。家庭难道没有它的好处吗？不，它的好处诗人们有整本整本的礼赞，且不论对于社会的安定，对于种族的延续，对于长涉人的休息，对于寒冷的人的温暖。爱情即便只有过一年两年，一天半天的，真诚的爱情永不能让我们否认，蜡烛熄灭了，蜡烛确是辉煌过黑暗里的光明。但是，当烦恼的日子变成家庭存在的内容的时候，家庭最大的好处是意识不到家庭的好处。于是，家庭的负担呀，家庭的责任呀，由此要养老抚小而发生摩擦，因油盐酱醋而产生啰唆。所以，有了家庭后才真正有了佛的意识，神的意识（我到四川专门去朝拜了乐山大佛，曾书写了一联：乐山有佛，你拜了，他拜；苦海无岸，我不渡，谁渡）。如果做一般人，这样的日子就这么过去了，如牧羊人赶一群羊，举着鞭子不停地拦拦这边跑出队形的羊，拦拦那边跑出队形的羊，呼呼啦啦就那么一群一伙地漫过去了。而要命的偏有心比天高者，总不甘心灰色的人生，要出人头地，要功名事业，或许厌烦这种琐碎与无奈，看到了大世界的精彩，要寻找新的生命活力和激情。那么，种种种种的矛盾苦闷由之而来，家庭慢慢变得是一个阻碍。

太年轻的人受不得各种诱惑，已不再年轻的这个时候亦是受不得诱惑。既是诱惑，必是以已有的短比外边的长，长的越长，短的越短。中国的家庭哪里又都是不平凡的男女组合呢，普遍的家庭偏偏是不允许有这种诱惑。家庭在这时就是规矩，是封闭的井，是无始无终的环，是十足真金的锁，是苗圃里的一棵树，已经长大了不许移栽。这样的日子，规划着而发着霉气，夜沉静听着蝉鸣。许多许多人都在有意与无意间哀叹：没有个家多好呀！说这样话的人并不就是存心要撕碎家庭，但如果男女的一方有事出长差去了，一年或数月不见对方了，都有一种超脱之轻松。且慢，这种暂时的分别与因此而闹成了离婚却是多么的不同！假若真的离婚了，没有这个家庭了，家庭的好处猛地凸现了无与伦比的地位。这如同一个人从甲地往乙地去，因甲地到乙地之间荒无人烟，没有饭店，他是饿了一整天的肚子，他知道了饿肚子的难过。可这种没饭吃的难过毕竟不能类比真正贫困之人吃了这一顿还不知下一顿吃什么的难过。没有了家庭对人的打击是巨大的，失落是残酷的，即使双方已经反目，一时有解脱感，而静定下来，也是泪眼婆娑，一肚子苦楚无以言说。正因为是这种心绪，一般情况下，没有家庭的人是不愿再见到原是一个家庭的人的，有一种怨和恨，他不能回首往事。他即使在时间的销蚀下和新生活的代替下恢复了精神，仍是要在梦里出现那一个故人的美好形象；仍在随时的动作里，猛然地记起那一个而失态发呆（我在西游四川剑门关时路经唐明皇闻铃处，相传唐王处死杨玉环逃往蜀地，夜宿此地，忽闻杨玉环口叫"三郎"，起床寻觅，以为生还，后才知是驿楼的风铃叮当而误听。听了传说，我抚了那"唐王闻铃处"的石碑，感念到唐明皇是真人、伟人）。家庭就是如此让人无法捉摸，一道古老而新鲜的算术，各人有各人的解法，却永远没有答案。世上什么都有典型，唯家庭没有典型；什么都有标准，唯家庭没有标准；什么事情都有公论，唯家庭不能有公论；

外人眼中的一切都不可靠，家庭里的事只有家庭里的人知，这如同鞋子和脚。家庭是房子的围墙，如果房子一旦没有了围墙，家庭又变成了没有窗子的房子。现在的社会，不组织家庭的人可能被认作怪人。组织了家庭，人可能正常，正常却易是俗人；没有了家庭的人却从身到心，从别人到自己都是半残废了。独自坐望东出的日头和西落的日头，孤寂想想，也好，我们不是常常叹息一个人从小学到大学，学呀学呀，一切都成熟了，生命又快结束了。为什么生下孩子，孩子不就直接有父亲的成熟思维呢？如果那样该多好！真要那样，这世界就不是现在的世界，这人也不是现在的人，世界也不必要这么多人了。托尔斯泰说过：每个家庭的幸福都是一样的，不幸却是一个家庭与一个家庭不同。人生的意义是在不可知中完满其生存的，人毕竟永远需要家庭，在有为中感到无为，在无为中去求得有为；为适应而未能适应，于不适应中觅找适应吧，有限的生命得到存在的完满，这就是活着的根本。所以，还是不要论他人短长是非，也不必计较自己短长是非让人去论；不热羡，不怨恨，以自己的生命体验着走。这就是性格和命运。命运会教导我们心理平衡。

好女不戴金

以前很少见过金子，总觉得那是世上最宝贵的东西，不怕火，能发光。现在是看到了，能做些生意的人，身上差不多都有地方戴金。沉不沉，我不知道，但在太阳下没有灿烂，似乎还易生垢，这使我大失敬畏。曾经认识一位少妇，少妇原本是女人最漂亮期，而她胖了，身材五短，胳膊就不贴体，开步走便划动空气。这样的女人是福相，果然很有钱，十个指头上戴有六枚金戒，而且是好笨重的那一种，腕子上还有手镯，还有项链、耳环。人有了钱就在吃上穿上讲究，她吃得好这能看出来，穿的却并不好看，可能是时装店的衣服都穿不成。有好身材的往往没钱，有钱的又往往没好身材，这少妇就拿金子做打扮。遗憾的是她没这么着戴金的时候谁也不注意她，因为关注他人的丑是不道德，也没必要，她这么着戴金，众人就审视了："嗬，丑人多作怪！"没有谁去研究金的成色，倒发现了丑，而且丑还在作怪！害得我们一帮男人也不敢与她同行，怕牵涉出我们的丑样。

我就想啦，人为什么要把金子往身上戴？河北满城出土过一

件金缕衣，那是裹尸体的呀，尤二姐吞过金子，那是要自尽的
呀，有一样可以戴的，是手铐，手铐为金属制品，也含一个金
字，可那是罪犯戴的嘛。字典上有"金口难开"成语，金口是什
么样儿，没见过，恐怕金口真的开合不了。补金牙的我小时候倒
见过，那是"文革"期间，一次武斗杀了许多人，横七竖八地摆
在河滩，一伙人就去撬每一个死者的嘴，看有没有补牙的金，结
果发现了一位，都去抢啊，脑袋便被石头砸开。字典里还有"金
屋藏娇"一词，想那金屋住着一定难受如牢狱，是娇也藏得发
霉。金子并不能给人带来好处，历史上有过端着金碗讨饭的故
事，我见过的那位少妇，除了众人发现其丑外，热爱她的是那些
强盗，后来她真的遭了抢，强盗夺金戒金镯没有成功，拿快刀剁
了胳膊跑了。唉，连那些像金子的，如金丝猴、金丝鸟，也不是
死在猎手的枪下就是死于动物园的铁笼里。

　　土有清浊二气，清气凝聚生于竹，所以竹可以做笛做箫，生
金占浊气，金只能做钱币，虽然钱离不得，但常常是钱泯灭了许
多善良、正直和道义。金除了易生垢的毛病外，它如有病人吃猪
头肉能引发病情严重一样，可以扩张人的贪婪，而往往它一旦作
为人的装饰品，就是俗人的品格。我见过许多暴发了的人家，买
了很现代式样的写字台，偏要用金叶包了桌沿儿，那穿衣镜上用
金粉新画了龙凤，高档的沙发床上，硬是做一个帐架，帐帘儿是
金丝绣花，帐钩儿是金做的凤头，让人立即想到了过去的土地
主。土地主之所以是土地主，是他有钱而钱并不巨多，真正巨富

的人，从未在身上戴金挂银的显摆。什么事物都有个境界，即从必然王国未进入自由王国之前，是人没了主体性，就要有许多村相露出来。

在我们生活的周围，总有一些认识的或不认识的女性戴金，稍做观察了，就会发现，要么是先前穷过，老怕人嫌穷低看，要么是容貌丑些，要寻些悦己。这戴金原来同有狐臭的要涂浓烈香水，有蝴蝶斑的要抹增白蜜一样，是避短遮丑的行为呀，这一来却正好暴露了谁个有短谁个有丑！自个对自个没有了信心，岂不也类同了时下"穷到只剩下钱了"的说法？这里还有一个规律，女性在未婚前是少有戴金的，一是没能力去添置，二是美丽不需戴金，但少女自古到今都称"千金"，千金的是她的青春。一旦结婚，如果说家是有人在等待而为家，那么结婚就是有人给花钱的含义，这就要戴金了，金是人家的，这又如同战马臀上的烙印，出厂货品上的商标。而女到中年戴金最多之期，恰是青春和美丽褪去之时。可见一些女性在比戴金的轻重，实际上在比衰老和丑陋。更严重的是，金戴在身上，产生在人的心理上是一种坏的信息，这如同一些职业：当官当久了就装腔作势，当警察当久了就生噌冷倔，小偷鬼祟，娼妇轻薄，太监若狗，谋士近妖，有金在身了，自以为人人会尊她敬她亲她近她，而得不到尊敬亲近，或者骂他人有眼无珠，或者咒他人是酸葡萄，将自己弄得不伦不类、神神经经起来。昨日有朋友来家，说起某某身上的金银，朋友很痛心，那么好个女人，怎么就戴金了？！于是我悄悄

地对我的一位女友说：你记着，这话也不要对别人讲，城里有了
金银首饰店，街上就流行丑女子；贾宝玉说女子是水做的，而五
行论里讲水有金而寒，所以你要做好女就不戴金。

美食家

　　同事者见了我，总是劝我吃好，而且说，你又不是吃不起！这么一说，我倒像是个守财奴、吝啬鬼，或者偏要做个苦行僧似的，刻意儿吃坏食物。其实我也知道吃是人最重要的工作，鸟为食亡，革命也常是人为食而起。既然同样生有一条能尝味的舌头，又不至于穷到身无一文，我当然喜欢吃好，不乐意有好的不吃去吃坏的。劝我吃好，怎么个吃好呢？身边大大小小的美食家的经验，首先是能好吃，胃大，做一个饭袋；再是吃得好，譬如味、色、形。我们这一般的人，并不知道皇帝在吃什么，我们只是有萝卜就不吃酸菜，有了豆腐就不吃萝卜，豆腐是命，见了肉便又不要命了，所以，大而化之，我所见到的美食家无非是在鸡呀鱼呀牛羊猪狗肉上吃出来的美食家。做个美食家，似乎不屈了活人，自己得意，旁人看了也羡慕，尤其是在年老的人和生了病的人眼里。我的一位舅舅患过食道癌，严重的时候，我去看望他，饭后烧了肉一家人围着桌子吃，几个表兄吃得满嘴流油，舅舅也馋了，夹一片在口里，嚼了半天却咽不下去，最后站起来吐在后墙根，脸上是万般的无奈和苦楚，我实在不忍心看这场面，让表兄们端碗到屋外去吃，并耳叮咛以后吃饭再不要当着舅舅的面吃。从那以后，我是非常痛恨能吃的人，或者夸耀自己能吃的人，甚至想上去搧一掌那差不多都是油乎乎的嘴脸。于是生疑美食家这个词儿，怎么把能吃叫作美呢，把会吃叫作美呢？吃原本是维持生命的一项工作，口味是上帝造人时害怕没人做维持工作而设置的一种诱骗。试想假如没有口味，牛不也能吃，又是吃百样草吗？人病了吃药也不是挺能变着法儿吗？怎么有了口味，一个肯为维持生命而努力工作的，最容易上上帝当的，其实是占小便宜吃了大亏的人就是美食家呢？！依美食家的理论，能吃也要能拉的，吃不攒粪的东西不算是吃，比如，按医生的对于生命的需求标准，只每日往口里送七片八片维生素 C 呀，半瓶一瓶高蛋白呀，那还叫作吃吗？他们把美食法建立在吃鸡鱼猪羊之类的肉的基础上，不能不使我想到腐烂的肉上咕涌的那些蛆蚜子来，甚至想，蛆子的身子不停地蠕动，肠胃功能一定很好。

有一年夏天，上海《文学报》的总编郦国义先生来西安，我邀他在大麦市街的小吃店里吃八宝稀粥，一边吃一边议论我们的食量。旁边坐着一个男人陪着一个年轻的女人也在吃粥。这男人很瘦，脸上有三个水泡，是用激光取了痣后未愈的水泡，他殷勤地给那女人服务，却不停地拿眼睛鄙视我们，终于训道："你们不要说食量好不好？人称饭量，牲畜才称食量，不会用词就不要用词儿，让我们怎么吃下去？！"我和郦先生吓了一惊，原本要对他说食量一词运用得正确，且从古至今的一贯正确，但一见到那女人，知道他在谈恋爱，要在女人面前做文雅，我们便维护了他的体面，不再揭穿他的假文雅。这个人的行径以后常常使我想到一些美食家。可这个人的文雅，只是假而假，美食家的文雅地食却是极残酷的。

我见过吃"醉虾"，见过吃过的活烧鲤鱼，下半身被挑剔殆尽只剩鱼骨了，鱼嘴仍然张吸嚅动。见过有人吃一种小白鼠类的活物，筷子一夹，吱儿叫一声，蘸一下醋，又吱儿叫一声，送往口里一咬，最后再吱儿一声就咽下肚去了。虽没有见过吃猴脑，吃猴脑的人却给我讲过详细的吃法，讲得从容，讲得镇静。我十三岁那年，在家乡县城的河滩里枪毙人，那时想着杀人好看，枪一响就卷在人群里往杀场跑，跑在我前边的是邻村一个姓巩的人，他大我七岁，是个羊痫疯子，跑得一只鞋也掉了。被杀者窝在一个小沙坑里，脑盖被打开了，像剖开的葫芦瓢，但一边连着，没有彻底分开，一摊脑浆就流出来。我一下子恶心得倒在地上，疯子却从怀里掏出一个蒸馍，掰开了，就势在那脑壳里一偎，夹了一堆白花花的东西，死者的家属收尸，忙扑来索要，疯子已拔脚就逃，一边逃一边咬了那馍吃，这么追了四百米远，疯子把馍已经吃完了，就不再跑，立定那里用舌头舔了嘴唇在笑。后来才听说人脑是可以治羊痫风病的，那巩疯子是被人唆使了早早准备了这一天来吃药的。姓巩的疯子最后有没有治好疯病，我离开了故乡不可得知，但现在"吃啥补啥"的说法很流行，尤其这些年里，中国人的温饱已经解决，食品发展到保健型，恐怕是吃猴脑为的是补人脑吧，吃猪心为的是补人心吧。中国人在吃上最富于想象力，由吃啥补啥的理论进而到一种象征的地步，如吃鸡不吃腿，要吃翅，腿是"跪"的含义，翅膀则是可以"飞"到高枝儿上去的。以至于市场上：整块整吊的肉并不紧张，抢手的是猪牛羊的肝、心、胃、肠。我老是想，吃啥补啥，莫非人的五脏六腑都坏了？街上来来往往的人，谁是被补过了的，难道已长着的是牛心猪胃狗肺鸡肠吗？那么，人吃兽有了兽性，兽吃了人兽也有了人味？那么，吃"口条"(给猪的舌头起了多好的名)可以助于说论语，谈恋爱善于去接吻，吃鸡目却为的是补人目呢还是补人脚上的"鸡眼"？缺少爱情的男人是不是去吃女人，而缺少一口袋钱呢，缺少一个官位如处长、厅长、省长呢？

有一位美食家给我说过他的一次美食，是他出差到一个地方，见店主将一头活驴拴于店堂中央，以木架固定，吃客进来，于驴身上任选一处自己嗜好的地方，店主便当下从驴身上割下烹制，其肉味鲜嫩无比。他去的时候，驴身上几乎只剩下一个驴头和骨架，驴却未死。他要的是驴的那条生殖器，吃了一顿"钱钱肉"的。这位美食家对我说的时候，他的两个儿子打架，老二竟打得老大鼻腔出血，他就大骂老二，是"狼吃的""狗嚼的"，骂得很狠。人的咒语之所以有"狼吃""狗嚼"，为的是让该骂的人死得残酷，可人被别的动物吃了是残酷，人吃别的动物却认为是美食，这太不公。所以，我从不与文文雅雅残酷的美食家为友，我害怕，他看见长腿的就吃，吃了我家的凳子，甚至有一日他突然看中了我身上的某个部位。

　　数年来，美食家们多谈的是山珍海味，如今吃出层次了，普遍希望吃活的，满街的饭店橱窗上都写了"生猛"，用词令人恐惧。但生猛之物不是所有美食家都有钱去吃得的，更多的人，或平常所吃的多是去肉食店买了，不管如何变了花样烹饪，其实是吃一种动物尸体。吃尸体的，样子都很凶狠和丑陋，这可以秃鹰为证。目下世上的和尚、道士很少——和尚、道士似乎古时人的残留，通过他们使我们能与古时接近——一般人是不拒绝吃肉的，但主食还是五谷，各种蔬菜是一种培育的草，五谷是草的籽，草生叶开花，散发香气，所以人类才有菩萨的和善，才有"和平"这个词的运用。我不是个和尚或道士，偶然也吃点肉，但绝对不多，因此，我至今不能做美食家，也不是纯粹的完人善人。同事者劝我吃好，主要是认为我吃素食为多。我到一个朋友家去吃饭，吃不惯他们什么菜里都放虾米，干脆只吃一碗米饭，炒一盘青菜和辣子，那家的小保姆以后就特别喜欢我去做食客，认为我去吃饭最省钱。我到街上饭馆吃饺子，进馆总要先去操作室看看饺子馅，问：肉多不多？回答没有不是：肉多！我只好说：肉多了我就不吃了。这样，一些人就错觉我吃食简单粗糙，是富人的命穷人的肚。这便全错了。只有和我生活在一起的妻子说：他最好招待，又最难伺候。她到底知我。我吃大米，不吃小米。吃粥里煮的黄豆，不吃煮的芸豆。青菜要青，能直接下锅最好。是韭菜不吃、菜花不吃，总感觉菜花是肿瘤模样。吃芹菜不吃秆，吃叶。不吃冬瓜吃南瓜。吃面条不吃条子面，切出的形状要四指长的，筷头宽的，能喝下过两次面条后的汤。坚决拒绝吃熏醋，要吃白醋。不吃味精，一直认为味精是骨头研磨的粉。豆腐要冷吃着好，锅盔比蒸馍好。鸡爪子不吃嫌有脚气，猪耳不吃，老想到耳屎，我属龙，不吃蛇，鳝段如蛇也不吃。青蛙肉不吃，蛙与凹同音，自己不吃自己等等等等的讲究。这讲究不是故意要讲究，是身子需要，心性的需要，也是感觉的需要。所以每遇到宴会，我总吃不饱。但是我是一顿也不能凑合着吃食的人，没按自己心性来吃，情绪就很坏，因此在家或出门在外，常常有脾气焦躁的时候，外人还以为我对什么有了意见，闹出许多尴尬来，了解我的妻子知道问题出在哪里，便要说："嗅，这也不怪，那也不怪的，是他没吃好！"去重新给我做一碗饭来。别人看着我满头大汗地把一碗他们认为太廉价的饭菜吃得津津有味，就讥笑我，挖苦我，还要编出许多我如何吝啬的故事来的。好的吃食就一定是贵价的吗？廉价的吃食必然就不好吗？水和空气重要而重要吧，水和空气却是世上最不值钱的东西。

中国人的毛病或许很多，之一是不是就因有了美食家？查查字典，什么词儿里没个吃字，什么事情不以吃义衡量，什么时候不在说吃？就连在厕所里见了熟人，也要行"吃了没"的礼节性问候。聪明才智都用在吃上了，如果原子弹是个能吃的东西，发明者绝不会是外国佬的。吃就吃吧，谁长嘴都要吃的，只是现在的美食家太多，又都是什么都想吃，什么都会吃 (听说已经要研究对苍蝇的吃法了)，口太粗，低劣而凶恶。龙与凤之所以高贵圣洁、美无伦比，是龙凤满宇宙寻着只吃甘露灵芝，可现在哪儿还有龙与凤呢？我感激同事者对我劝告的一份好心，而我生之俱来实在不是个美食家，我自信我的吃食不粗，我的错误却在于吃食未精，因此我做人不高尚而还淡泊，模样丑陋而还良善。但是，在由菜食转化为肉食的美食家越来越多的环境里，我的心性和行为逐渐不能适应，竭力想在不适之中求适终于不能适，想在无为中有所为毕竟归至于无为，这是我做人的悲哀处，这悲哀又是多么活该呀。

小楚

　　小楚是一只狗，走狗。它被买到圈圈家之前，圈圈是饲着一只猫的，猫很漂亮，有些狐相，圈圈的老婆就把猫装在纸盒里扔到垃圾车上去了。圈圈和老婆再去宠物市场，老婆却一定要买了小楚回来。小楚是哈巴族的，短短的腿，嘴脸可笑，老婆偏说她爱嘛。

　　圈圈家的饭是圈圈做的，他上班回来得再晚，老婆也要坐在沙发上等他，还要说：饿死我了，饿死我了！但小楚却顿顿定时有猪肝吃，是老婆亲自上街买的。老婆有买时装的嗜好，圈圈最怕的就是逛商店，但不能不陪了去。现在，老婆在街上走，左边厮跟的是小楚，右边厮跟的是圈圈，小楚和圈圈都戴着墨镜。

　　小楚眼长腿短，有时会直起上身来朝床上看，趔趄趔趄地要上去，老婆就嚼泡泡糖逗小楚，叭，叭，泡儿吹得很大了，沾在了鼻尖上。圈圈顿时没了兴趣，翻身坐在了床沿上恨小楚，说：你狗东西，狗东西！小楚也恨他，说：汪！

　　圈圈在洗衣服的时候，有时就发脾气，将老婆的内衣扔出盆子，老婆说："别人想洗还不让呢！"圈圈想想，也是，就高兴了。洗好的衣服晾在凉台上，圈圈偏把内衣挂得高，每当老婆唤小楚去收了内衣来穿，小楚在衣绳下一跳一跳地抓不着，他就得意的，而且装着什么也不知道，坐到厅里去看报纸。小楚最能效力的是替老婆叼鞋子，它看不见老婆梳了什么发型，穿了什么上衣，目光唯一看到的是鞋子，所以一有空就把有高跟的鞋子全叼在沙发上玩。

　　一次圈圈又陪老婆上街，当然还有小楚。街上的人很多，圈圈发现后边有一个也穿着同老婆一样鞋子的女人，就故意缓下步来，待和那女人一起了，他突然亲昵地把老婆抱起来，指点一家商店橱窗里的时装，两个人就在橱窗前站住。小楚竟不知，跟着那个女人的鞋只往前走了。两个人看了一会儿衣服，老婆唤："小楚小楚。"没有回应，扭头张望，小楚已跟着那个女人，欢碎着步儿正穿过马路，一辆车就急驶而来，女人一跃身闪过了，小楚腿短，也一跃，却正好跃在车轮下，便被轧死了。

　　在郊外掘坑埋小楚的时候，圈圈的老婆把自己的那双鞋也埋进去，圈圈没反对，只是想：狗到底不如人，只会跟鞋走。

招牌

在西安，但凡大的公司，甚或小小的一间店铺，都讲究字号匾牌的——字一定是名家所写，写着又必须是精美的书法——这是最起码的事了，如冬天出门就戴上帽子一样。这种作风已经使我们熟视无睹，似乎并不觉得有什么了不起。等去了一趟南方，走过那几个经济相当发达的城市，满城很难见得一家二家有书法意味的匾牌，才感觉到西安的文化味来。若论起城市的规模、繁华、整洁和新潮，西安人常常丧气，但西安对文化的崇尚，却使这个城市别有了一番气质。它之所以是文化古城，不仅表现在古代，也不仅表现在现当代产生过一批杰出的文化人物，一种深厚的文化积淀是渗透到每一个市民的显意识和潜意识中去的，以致使它散发出古朴、大方的气息，在当今的城市里卓尔不群，让我们对其发展前景有了按捺不住的自豪之情。

去年的夏天，我的朋友约我去他们的公司，他的事业已经相当大，开办了一个分公司。为了这个分公司，他出高价让几个书法家写了风格不一的匾牌，一时拿不定主意用哪个更合适，让我去参谋。从公司返回，天下了大雨，街上行人纷纷逃散着避雨，城门洞里拥满了人，我刚刚避进去，便见一老头蹬着一辆三轮车也挤过来。这是一个卖镜糕的小贩，三轮车上安装着镜糕柜，人已经淋得落汤鸡一般。一进来，老头一边甩着头上雨水，一边却从怀里掏出个塑料袋来，正要骂天，却阿嚏地打了个喷嚏。旁边人说："你有这塑料袋，怎不戴在头上，这么大的年纪能受得雨淋？"老头诡秘地笑笑，却从塑料袋里取出个小木板来，原来怕小木板淋着，用塑料袋装了揣在怀里的，大家倒乐了，不明白这小木板是什么宝贝。老头把小木板翻过来，上面却是用墨笔写了两个字：镜糕。老头说："知道这是谁的字吗？于右任的。"我看了看，字体是于右任的，但是于右任几十年前亲手写的呢，还是现在哪个书法家仿于体写的，不可得知。问老头，老头偏不说，只是得意地向人排说这字写得多好，怎么能让雨淋呢？大家都没有再取笑老头，将那字牌儿传来传去地看，都说：写得好！

后来，雨住了，城门洞避雨的人开始走散，老头就去收拾三轮车，我瞧见他把小木字牌又挂在架子上，一边慢慢地蹬着走去，一边长声短调地吆喝："镜——糕！镜儿——糕！"望着老头远去的身影，我突然觉得西安的可爱，我庆幸我生活在这个城市，它是大有希望的城，永远也不会消失的城。

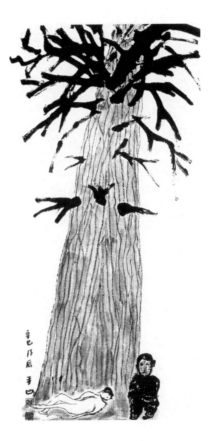

喝西凤、吃泡馍、唱秦腔

西安的大饭店多，豪华的宴席也赴了不少
但那都是应酬，要敬酒，要说话，吃得头上不出汗
吃饭头上不出汗，那就没有吃好
每每赴这种宴席时，我就想起了盐汤面

条子沟

镇街往西北走五里地，就是条子沟。沟长三十里，有四个村子。每个村子都是一个姓，多的二十五六家，少的只有三户。

沟口一个石狮子，脑袋是身子的一半，眼睛是脑袋的一半，斑驳得毛发都不清了，躺在烂草里，天旱时把它立起来，天就下雨。

镇街上的人从来看不起条子沟的人，因为沟里没有水田，也种不成棉花，他们三六九日来赶集，背一篓柴火，或捎一根木头，出卖了，便在镇街的饭馆里吃一碗炒米。那些女人家，用水把头发抹得光光的，出沟时在破衣裳上套一件新衣裳，进沟时又把新衣裳脱了。但条子沟的坡坡坎坎上都能种几窝豆子，栽几棵苞谷，稀饭里煮的土豆不切，一碗里能有几个土豆，再就是有树，不愁烧柴，盖房子也不用花钱买椽。

街上的人从来缺吃的，也更缺烧的，就只能去条子沟砍柴。我小时候也和大人们三天五天里进沟一次，十五里内，两边的坡梁上全没了树，光秃秃的，连树根都被刨完了。后来，十五里外有了护林员，胳膊上戴一个红袖筒，手里提着铐子和木棒，个个面目狰狞，砍柴就要走到沟脑，翻过庾岭了，去外县的林子里。但进沟脑翻庾岭太远，我们仍是在沟里偷着砍，沟里的人家看守不住村后的林子，甚至连房前屋后的树也看守不住。经常要闹出沟里的人收缴了砍柴人的斧头和背篓，或是抓住砍柴人了，把胳膊腿打伤，脱了鞋扔到坡底去，也有打人者来赶集，被砍柴者认出，压在地上殴打，重的断了肋骨，轻的在地上爬着找牙，从此再不敢到镇街。

沟里人想了各种办法咒镇街人，用红漆和白灰水在石崖上画镇街人，都是人身子长着狼头，但几十年都没见过狼了，狼头画得像狗头。

他们守不住集体的那些山林，就把房前屋后属于自家的那些树看得紧。沟里的风俗是人一生下来就要在住户周围栽一棵树，松木的桐木的杨木的，人长树也长，等到人死了，这棵树就做棺材。所以，他们要保护树，便在树上贴了符，还要在树下围一圈狼牙棘，还要想法让老鸦在树上搓窝。谁要敢去砍，近不了树身，就是近去砍了，老鸦一叫，他们就扑出来拼命。但即便这样，房前屋后仍还有树也被砍掉了。

我和几个人就砍过姓许的那家的树。

姓许的村子就三户，两户在上边的河畔，一户在下边靠坡根，我们一共五个人，我和年纪最大的老叔到门前和屋主说话，另外三个人就到屋后去，要砍那三棵红椿树。老叔拿了一口袋十二斤米，口气软和善问换不换苞谷。屋主寒毛饥瘦，穿了件露着棉絮的袄，腰里系了根草绳。老叔说米是好米，没一颗烂的，一斤换二斤苞谷。屋主说：苞谷也是好苞谷，耐煮，煮出来的糊汤黏，一斤米只能换一斤四两苞谷。老叔说：一斤六两。屋主说：一斤四两。我知道老叔故意在谈不拢，好让屋后砍树的人多些时间。我担心砍树的人千万不要用斧头，那样有响声，只能用锯，还是一边锯一边把尿尿到锯缝里。我心里发急，却装着没事的样子在门前转，看屋主养的猪肥不肥，看猪圈旁的那棵柿树梢上竟然还有一颗软柿，已经烂成半个，便拿脚蹬蹬树，想着能掉下来就掉到我嘴里。屋主说：不要蹬，那是给老鸦留的，它已经吃过一半了。我坐在磨盘上。沟里人家的门口都有一个石磨的，但许家的石磨上还凿着云纹。就猜想：这是为了推着省力，还是要让日子过得轻松些？

日子能轻松吗？！

讨价还价终于有了结果，一斤米换一斤半苞谷。但是，屋主却看中了老叔身上的棉袄，说如果能把那棉袄给他，他可以给三十斤苞谷。老叔的棉袄原本是黑粗布的，穿得褪了色，成了灰的，老叔当下脱了棉袄给他，只剩下件单衫子。

当三个人在屋后放倒了三棵红椿树，并已经捎到村前的河湾崖角下，他们给我们发咕咕的鸟叫声，我和老叔就背了苞谷袋子离开了。屋主说：不喝水啦？我们说：不喝啦。屋主说：布谷鸟叫，现在咋还有布谷鸟？我们说：噢噢，那是野扑鸽声嘛。

过了五天，我们又进沟砍柴，思谋着今日去哪儿砍呀，路过姓许的村子，那个屋主人瘦了一圈，拿着一把砍刀，站在门前的石头上，他一见有人进沟砍柴的就骂，骂谁砍了他家的树。他当然怀疑了老叔，认定是和老叔一伙的人砍的，就要寻老叔。我吓得把帽子拉下来盖住脸，匆匆走过。而老叔这次没来，他穿了单衫子冻感冒了，躺在炕上五天没起来了。

条子沟的树连偷带抢地被砍着，坡梁就一年比一年往深处秃去。过了五年，姓许的那个村子已彻底秃了，三户人家仅剩下房前屋后的一些树。到了四月初一个晚上，发生了地震，镇街死了三个人，倒了七八间房子，第二天早上传来消息，条子沟走山了。走山就是山动了。过后，我们去了沟里，几乎是从进沟五里起，两边的坡梁不是泥石流就是坍塌，竟然一直到了许姓村子那儿。我们砍树的那户，房子全被埋没，屋主和他老娘，还有瘫子老婆和一个小女儿都死了。村里河畔的那两户人家，还有离许村八里外十二里外的张村和薛村的人都来帮着处理后事，猪圈牛棚鸡舍埋了没有再挖，从房子的土石中挖出的四具尸体，用苇卷着停放在那里，而大家在砍他家周围的树，全砍了，把大树解了根做棺材。

还是那个老叔，他把做完棺材还剩下的树全买了回来，盖了两间厦子房，还做了个小方桌，四把椅子和一个火盆架。

老叔总是显摆他得了个大便宜，喜欢请人去他新房里吃瓜子，我去了一次，不知怎么竟感觉到那些木头就是树的尸体，便走出来。老叔说：你咋不吃瓜子呢？我说：我看看屹岬岭上的云，天是不是要下雨呀？屹岬岭在镇街的西南，那里有通往山外的公路。公路在岭上盘来绕去，觉得我与外边的世界似乎若即若离。

果然一年后，我考学离开了镇街，去了遥远的城市。从那以后，我就很少再回镇街，即便回来了，都是看望父母，祭奠祖坟，也没想到要去一下条子沟。再后来，农村改革，日子温饱，见到老叔还背了个背篓，以为他又要去砍柴，他说他去集市上买新麦种去，又说：世事真怪，现在有吃的啦，咋就也不缺烧的了？！再后来，城市也改革了，农村人又都往城市打工，镇街也开始变样，原先的人字架硬四椽的房子拆了，盖成水泥预制板的二层楼。再后来，父母相继过世，我回去安葬老人，镇街上遇到老叔，他坐在轮椅上，中风不语，见了我手胡乱地摇。再后来……我差不多二十年没回去了，只说故乡和我没关系了，今年镇街却来了人，说他们想把镇街打造成旅游景点，邀我回去参加一个论证会。我回去了，镇街是在扩张，有老房子，也有水泥楼，还有了几处仿古的建筑。我待了几天，得知我所熟悉的那些人，多半都死了，少半还活着的，不是瘫在炕上，就是滞呆了，成天坐在门墩上，你问他一句，他也能回答一句，你不问了，就再不吭声。但他们的后代都来看我，虽然不认识他们，就以相貌上辨别这是谁的儿子谁的孙子，其中有一个我对不上号，一问，姓许，哪里的许，条子沟的，说起那次走山，他说听他爹说过，绝了户的是他的三爷家。我一下子脑子里又是条子沟当年的事，问起现在沟里的情况，他告诉说二十多年了，镇街人不再进沟了，沟里的人有的去省城县城打工，混得好或者不好，但都没再回来，他家也是从沟里搬到了镇街的。沟里四个村，三个村已经没人，只剩下沟脑一个村，村里也就是剩下三四户人家了。我说：能陪我进一次沟吗？他说：这让我给你准备准备。

他准备的是一个木棍，一盒清凉油。几片蛇药，还有一顶纱网帽。

第二天太阳高照，云层叠絮，和几个孩子一进沟，我就觉得沟里的河水大了。当年路从这边崖根往那边崖根去，河里都支有列石，现在水没了膝盖，蹚过去，木棍还真起了作用。两边坡梁上全都是树，树不是多么粗，但密密实实的绿，还是软的，风一吹就蠕蠕地动，便显得沟比先前狭窄了许多。往里继续深入，路越来越难走，树枝斜着横着过来，得不停地用棍子拨打，或者低头弯腰才能钻过去，就有各种蚊虫，往头上脸上来叮，清凉油也就派上了用场。走了有十里吧，开始有了池，而且是先经过一个小池，又经过了一个大池，后来又经过一个小池，那都是当年走山时坍塌的土石堵成的。池面平静，能看见自己的毛发，水面上刚有了落叶，便见一种白头红尾的鸟衔了飞去，姓许的孩子说那是净水鸟。净水鸟我小时候就是没听说过，但我在池水里看见了昂嗤鱼，丢一颗石子过去，这鱼就自己叫自己的名字，一时还彼起此伏。沿着池边再往里去。时不时就有蛇爬在路上，孩子们就走到我的前边，不停地用木棍打着草丛。一只野鸡嘎嘎地飞起来，又落在不远处的树丫上，姓许的孩子用弹弓打，打了三次没打中，却惊动了一个蜂巢，我还未带上纱网帽，蜂已到头上，大家全趴在地上不敢动，蜂又飞走了，我额头上却被叮起了一个包。亏得我还记得治蜂蜇的办法，忙把鼻涕抹上去，一会儿就不怎么疼痛了。

姓许的孩子说：本来想给你做一顿爆炒野鸡肉的，去沟脑了，看他们有没有獾肉。

我说：沟里还有獾了？

他说：啥野物都有。

我不禁感叹，当年镇街上人都进沟，现在人不来了，倒野物来了。

几乎是走了六七个小时，我们才到了沟脑薛村。村子模样还在却到处残墙断壁，进了一个巷道，不是这个房子的山墙坍了一角，就是那个房子的檐只剩下光椽，挂着蛛网。地面上原本都铺着石头，石头缝里竟长出了一人高的榆树苗和扫帚菜。先去了一家，门锁着，之前的梯田塄下，一个妇女在放牛。这妇女我似乎见过，也似乎没见过，她放着三头牛。我说：你是谁家的？回答：德胜家的。问：德胜呢？回答：走啦。问：走啦，去县城打工了？回答：死啦，前年在县城给人盖房，让电打死啦。我没敢再问，看着她把牛往一个院子里赶，也跟了去，这院子很大，厦子房全倒了，还能在废墟里看到一个灶台和一个瓮，而上房四间，门窗还好，却成了牛圈。问：这是你家？回答：是薛天宝的，人家在城里落脚了，把这房子摞了。到第二家去，是老两口，才从镇街抬了个电视机回来，还没来得及开门，都累得坐在那里喘气。我说：还有电呀？老头说：有。我说：咋买这么大的电视机呀？老头说：天一黑没人说话嘛。他开了门让我们进去坐，我们没进去，去了另一家，这是个跛子，正鼻涕眼泪地哭，吓得我们忙问出了什么事了，这一问，他倒更伤心了，哭声像老牛一样。

问她是不是哭老婆了，他说不是，是不是哭儿了，他说不是，是不是有病了，他还说不是，而他咋哭成了这样？他说熊把他的蜂蜜吃了。果然院子角有一个蜂箱，已经破成几片子。

不就是一箱蜂蜜嘛！

我恨哩。

恨熊哩？

我恨人哩，这条子沟咋就没人了吗？我是养了一群鸡呀，黄鼠狼子今日叼一只明日叼一只，就全叼完了。前年来了射狗子，把牛的肠子掏了。今秋里，苞谷刚棒子上挂缨，成群的野猪一夜间全给糟蹋了。这没法住了嘛，活不成了嘛！

跛子又哭了，拿拳头子打他的头。

我不知道说什么好。

返回来，又到了沟口，想起当年的那个石狮子，我和孩子们寻了半天，没有寻到。

说棣花

棣花是十六个自然村。

白家垭的白亮傍晚坐在厦子屋门槛上吃饭，正低头在碗里捞豆儿，啪地一下，院子里有了一条鱼，鱼在地上蹦跶。白亮以为谁从河里钓了鱼给他扔进来，就说：谁呀？！没有回应，开了院门出来看，一个人背身走到巷口了，夕阳照着，看不清那是谁，但那人似乎脚不着地，好像在水上漂，又好像是被什么抬着，转过巷头那棵柳树就不见了。

白亮想是不是三海，他给三海家垒过院墙，三海一直感激他，钓了鱼就送了他一条？但三海害病睡倒一个月了，哪里能去钓鱼？是白路的二儿子水皮？水皮整天去钓鱼哩，钓了鱼就拿到公路上卖给过往的司机，咋能平白无故地给他一条呢？！

白亮回到院子再看鱼，鱼身上没有鳞片，有一小片云，如一撮棉花，知道了鱼是从天上掉下来的。

天上有银河，银河里还真有水，水里有鱼？或者，是鹳从棣花河叼了鱼飞过院子，不小心松了口，把鱼掉了下来？

　　白亮觉得是好事，还往天上看了许久，会不会也能掉下馅饼？但天上没有馅饼，起了悠悠风，风把一片杨树叶子吹了来，贴在他脸上，盖了一只眼。他把鱼捡回屋炖了。

　　第二天，白亮到河里担水。河边的浅水里一只猫和一条鱼搏斗，鱼可能是游到了浅水滩上，猫就去叼，鱼摆着尾打水花，猫几次都跌坐在水里。白亮放下桶去撵猫，却发现那鱼身上长了毛和翅膀，正疑惑，鱼游进深水里不见了。

　　鱼怎么长毛和翅膀呢？

　　白亮更看见了奇怪的事，几乎就在那条鱼游进深水后，突然在河上流的百米远处，一群鱼从水里跃出来，竟然就飞到空中，而同时空中又有一群鸟飞下来一只一只入了水。然后，轮番从天上到河里，从河里到天上，一会儿是鱼，一会儿是鸟，循环往复。

　　从此以后，白亮做事和人不一样。比如，和邻居为庄基红过脸，邻居骂他是吃草长大的，他说：是呀，吃草长大的。村里人事后说，你咋能让他那样骂你？他说就是吃草长大的呀，菜不是草吗，米和面还不是草籽磨的？他走路也不像以前的姿势了，胳膊前后甩得很厉害，像是狗刨式的，在河里游泳。别人笑他，他说：你以为空气不是水？

　　贾塬村的五福练气功，练了三年，就练成了。他让一些妇女闭眼站着，然后在五步之外发功，问：有凉飕飕的风吗？妇女说：啊，啊，是凉飕飕的。棣花人都知道了五福有气功，让五福用气功治病。五福治病不治头痛脑热，他觉得那不是病，喝碗姜汤捂捂汗就好了，他只治癌症。棣花患癌症的人多，没钱去省城医院动手术，而五福发功治病不收费的，说：给我传个名就行。

五福治病很讲究地点，一般都在村后的崖底，崖底有一棵百年老柏，他趴在树上要采一会儿气，再叫病人坐了，开始推开手掌，要把一股子气发出去。一九九八年七月十四日，他正发功，天上起了风，风是狂风，一下子把他吹起，啪地甩到半崖壁上。风过去了，他从崖壁上掉下来，人已经成了肉泥饼子。

东街有个二郎庙，庙前就是魁星楼，庙和楼中间的场子很大，棣花人习惯叫那是庙场子。拴劳住在庙场子后边，人丑，家又贫，但他有一个好被单子。整个夏天，拴劳都不在家里睡，嫌家里热，又有蚊子，天黑就披着被单子去庙场子了。他在庙场子扫一块净地，盖着被单睡下了，第二天一早，却总是从魁星楼上下来。魁星楼很高，攀着楼墙的砖窝可以上到第三层，上面风畅快。村里人都说拴劳半夜里披着被单就飞上楼了，传得神乎其神，但问拴劳，拴劳只是笑，没承认，也没否定过。

后来，拴劳去西安讨好生活了，走时就带着被单子，一走三年再没回来。不知怎么，村里都在议论，说拴劳在西安以偷窃为生，能飞檐走壁，因为他有被单子。

到了二〇〇三年，到处闹"非典"，棣花十六个自然村组织了防护队，严防死守不准从西安来的人进村。拴劳偏偏就回来了，防护队一声喊地攒他，攒到棣花西头的（石令）崖上，（石令）崖下就是河。有人说：不敢再撵了，再撵就掉到河里了。又有人却说：没事，他能披被单子飞天哩。防护队举着棍棒还往前撵，拴劳就从砭崖上跳下去了。

拴劳跳下去是死了还是活着，反正从此再没回来过，也没有他的消息。

冬季里，砭崖上出现了许多蝙蝠，有人说是不是拴劳变成了蝙蝠，因为蝙蝠的翅膀张开来像是披着一块小被单子。立即有人反对这种联想：怎么可能呢，蝙蝠的被单是黑的，拴劳的被单是白的。

巩家涧村的上槽在给自行车充气的时候受了启发，就整天练着用手抓空气。抓一把，就扔出去砸旁边的狗，但狗总是没反应。这一天他又在练习，听到巷口有人叫他，上槽上槽，叫得生紧。抬头看时巷口起了烟，灰腾腾的，先是一股冲过来，到跟前了却是一只狗。再是一疙瘩烟已经到头顶上了，拿了笤帚便打，竟然打着了，掉下来一只扑鸽。扑鸽在地上扑腾了一阵，又飞走了。后来有两团烟互相交融纠结地过来，他想着：这是啥？定睛盯着，两团烟是他大他妈，背着两篓子红薯，惊得他张嘴叫不出声了。

他大说：十声八声喊不应你？到地里背红薯去！

上槽瓷着眼看着他大他妈，还用手扇了一下，他大他妈不是烟呀，烟一扇就散的。

他大说：你咋啦？

上槽说：哦，我眼睛雾很。

他大说：年轻轻的雾啥眼？

上槽要放下笤帚，笤帚突然软起来，一溜烟从指头缝里飘了去。而且看巷口外的路上，烟雾更浓，烟里有乱七八糟的人声。平日在夜里，夜即便黑得像漆，他坐在院门口，村道里一有脚步声，他也就知道这是谁来了。现在他听出说话的有二爷，有来喜伯和他老婆，有春草、蝉婶子。但他能听见声音就是看不到人，人都是一片子烟，或浓或淡，是絮状也是条状。

上槽就跟着那片烟走，一会儿看见他们有人形了，一会儿又都是烟。

上槽最后是从巷口走到巷外的土路上，一直到了河滩地，背了从那里挖出来的一篓红薯。往回走时，却不知道怎么回去，因为他发现村子的那个方向并没有了村子，所有的房子、树，连同土路，除了烟，都不见了。立了好久，那烟像蘑菇一样隆起，在空中酝酿翻腾，忽然扑塌下去，渐渐地又变成房子、树，还有直直的一条土路，土路上蹦跶着蚂蚱。

上槽把他看到的情景告诉给村人，村人全是一个口气，说你眼睛有毛病了。上槽就觉得自己眼睛肯定有毛病了，不出半年，眼睛便瞎了。

中街村刘家的儿子名字没起好，叫刘榆。榆树总是拗着长，这刘榆也三十岁了一直和他大拗劲。他大说，今日太阳出来了，把被子拿出来晒晒，他却去给鸡垒窝。他大说，今年自留地里栽些辣苗吧，他偏种了土豆。

他大活到五十六岁时得了鼓症，临死时想把自己的坟修在村后的牛头坡上，棣花的坟地都在牛头坡上，只是花销大，他说：我死了，别铺张浪费，就埋到河滩的自家地吧。刘榆想，几十年了和大都拗着，这一次得听大一次。他大死后，果然就把大埋在河滩自家地里。第三年，河里发大水，冲了河滩地，刘榆他大的坟也冲没了。

河里原来产一种白条鱼，发大水后新生了昂哧鱼，之所以是昂哧鱼，这鱼自呼其名，昂哧昂哧叫，像是叹气。

野猫洼村出了个懒人，叫宽心，一辈子没结婚。他死的时候，眼睛都闭上了，嘴还张着，来照料他的邻居就看见十股白气从嘴里出来，一溜一溜地从窗格中飘去了。撵出来看，白气没有散，飘到那棵椿树顶上了，成了一片云，扇子大的一片，往西再飘。

云飘到西街村，好像停了一下，像思考的样子。阳光将云的影子投在老田家的屋顶上，但很快又走了，经过了后塬村，又经过了巩家湾，最后在崖底村葛火镰家的院子上空不动了。

葛火镰家养着一头公猪，公猪专门给棣花所有的母猪配种的，这一天正好骆驼项村的陆星星拉了母猪来配，云的影子就罩在母猪身上，白猪变成了黑猪。陆星星往天上一看，一片云像个手帕掉下来，他还下意识地躲了一下身子，似乎那云要砸着他。但云没砸着他，而且什么也没有了，他就把母猪牵回了家。

母猪后来生崽，往常母猪生一窝崽，这回只生了一个崽。这崽样子还可爱，就是不好好长，已经半年了，又瘦又小，与猫常在一处玩。陆星星说：你是猪呀你不长？！它还是不长，到了年底，仅仅四五十斤，还生了一身红绒毛。

第二天早上，棣花流行猪瘟，死了八头猪，其中就有这头猪。猪死时，陆星星也发现有一股白气从猪嘴里溜出来，往空里飘了。在空里成了一片云，这云片更小，只有手掌大。

云飘过北渠村上空，起了一阵小风，云就往南飘，又飘回野猫洼村。野猫洼村的芦苇园也飘芦絮，云和芦絮搅在一起，分不清是一疙瘩芦絮还是云，末了，一只蜂落在丁香树的花瓣上，芦絮就挂在树枝上，而云却没了。

丁香花谢后生了籽，籽落在地上的土缝里，来年生出一棵小丁香树。这小树长了两年还是个苗子，放牛的时候，牛把苗子连根拔出来嚼了。苗子一拔出来，是又有一丝白气飘了，但在空中始终没变成云，铜钱大的一团白气。白气移过了院墙，院墙外的水渠沟里有许多蚊子，后来就多了一只蚊子。

这蚊子能飞了，有一夜飞到打麦场上，那里睡了乘凉的人，蚊子专叮人腿，啪地挨了一掌，就掌死了，再没有云，连一点儿白气都没有。

雷家坡村其实没有姓雷的，是两大族姓，一个姓雨，一个姓田。姓田的都腿短脖子粗，姓雨的高个窄脸，但姓田的男人多，姓雨的女人多，姓田的就控制着村子。

棣花北五十里地的洛南县有煤窑，早年一个姓田的男子在那里做矿工，后来承包了一个煤窑，逐渐做大，成了有钱的老板，便把村里姓田的男人都带去挖煤，姓田的人家就过上了好日子。姓雨的人家还穷着，女人们就只好到棣花的保姆培训班上报名，她们长得好看，性情也柔顺，培训完后西安的保姆中介公司挑去了七八个，全送去了一些高级领导干部的家里。

二〇〇〇年春节，挖煤的回来了，都有钱，先集体在县上住了一晚宾馆才回村，而那些保姆没有回来。姓雨的说挖煤的在县宾馆住了一夜，吃肉喝酒，还招了妓女，离开后，妓女尿了三天黑水。

春节一过，姓田的男人又去了煤窑，正月二十四那天，井下瓦斯爆炸，没有一个活着出来。而就在这天，七八个保姆回到村里，她们跟村里人说，都曾经跟着主人去过广州或北京，坐的飞机，飞机上有厕所，拉屎尿尿就漏在空中，在空中什么都没有了。

每年四月初八棣花的庙会上要耍社火，中街村准备两台芯子，一台是走兽和地狱，一台是飞禽和天堂。正做着，有人担心这是暗喻雷家坡村，会惹是非，后来就取消了。

药树梁村在棣花的西北角，除了独独一棵大药树外，坡上枣树很多，枣树每一年都有被雷击的。被雷击过的枣木有灵性，县城关镇的阴阳先生曾来寻找雷击枣木做法器，而药树梁村的人出来口袋里也都有枣木刻成的小棒槌，说能避邪护身。

在三年前夏天，有良在坡上放牛，天上又响炸雷，有良赶着牛就下坡，雷这回没击枣树，把有良击了，但没有击死，脊背上有了一片文字。说是文字，又不是文字，棣花小学的老师也认不得，那是十八个像字的字，分三行，发红，像被手抓出的，却不疼不痒。

有良在当年的秋末瘫了，手脚收缩，做不了活，吃饭行走也不行了，整天得坐在家里的藤椅上，让端吃送喝。但有良知道啥时刮风下雨，有一天太阳红红的，他说一会儿有冰雹哩，谁也不信，但一锅旱烟没吃完，冰雹就噼里啪啦下来了。

还有一回，已在半夜里，有良叫醒家人，说天上掉石头呀，快到院里去。家人知道他说话，都起来到院子，一直坐到天亮，没有什么石头，才要回屋时，突然天空一团火光，咚的一声，有东西砸在屋顶。过了一会儿进去看了，屋地上果然有一块石头，升子大，把屋顶砸了个洞，地上也砸了一个坑。

西街村的韩十三梦多，一入睡就做梦，醒来又能记得梦的事。他三岁时梦到的都是他成了个老头，胡子又白又长，常拿了一把木剑到一堵高墙上去舞。他把梦说给旁人，人都笑他：高墙上能舞剑？但觉得他每天都做梦，梦醒又给人说梦，很好玩的，见了便问：碎仔，又做啥梦了？韩十三就说他在一个地方走，路很长很宽，两边都是房子，房子特别高，一层一层全是玻璃，路上有车，车多得像河水，一个穿白衣裳的人像神婆子一样指手画脚。村人有走过西安的，觉得这像是西安，就又问：那是街道，街上还有啥？韩十三说：路边都是树，树上长星星。

往后，随着年龄增长，韩十三的梦越来越离奇，但全是城里的事。他在小学时，就梦见自己在一家饭店里炒菜，戴很高很高的帽子，他不炒土豆丝，也不炒豆芽，炒的尽是一些长得怪模怪样的鱼和虾。到了中学时，他梦见自己拿着八磅锤、锯，还有刷墙的磙子，他在给人家刷墙时，那女主人送给他一件制服，但也骂过他。

这样的梦做了三年，中学毕业后没有考上大学，就一直在村里劳动，还当过村会计，又烧过砖瓦窑，娶妻生子。梦还在做，梦到了城里，才知道早先梦到了人在高墙上舞剑，那墙是城墙，从城墙上能看见不远处的钟楼，钟楼的顶金光闪闪。那时，村里人有去西安打工的，他问：西安有个钟楼吗？回答说有，又问：城墙上能开车吗？回答说能。韩十三就决定也去西安打工。

到了西安，西安的一切和他曾经的梦境一样，他甚至对那里已十分熟悉，还去了他当厨师的酒店，酒店门口是有两个石狮子，右边的一个石狮子眼睛上涂着红。但是，韩十三初到西安，没有技术也没有资金，他只好去捡破烂。捡破烂第一天就赚了三十元，这让他非常高兴，想着一天赚三十元，十天就是三百元，一个月九百元呀！第二天，他起得很早上街了，却被一辆运渣土的卡车撞倒，而司机逃逸，一个小时后才被人发现往医院送，半路上把气断了。这一年他三十岁。墓前立了个碑子，上面刻了生于一九八〇年，逝于二〇一〇年。但不久，刻字变了，是生于一九八〇年，逝于二〇四〇年。村人不知这刻字怎么就变了？

棣花乡政府设在中街村，是一个大院子，新修的高院墙，新换的大铁门，但门卫还是那个旧老汉。老汉姓夜，从年轻起人叫他不叫老夜，嫌谐音是老爷，就叫他老黑。

老黑从一九五八年就在这里当门卫，那时乡政府是公社，今年老黑八十岁，眼不花，耳不聋，身体特别好，乡政府还雇他当门卫。棣花的人其实寿命都不长，差不多每个人家都有着遗憾，比如有些人，日子恓惶了几十年，终于孩子大了，又给孩子娶了媳妇，再是扒了旧屋，盖了一院子新房，家里粮食充足，吃喝不愁，说：这下没事了，该享清福呀！可常常是没事了才两年，最多五年，这人就死了。但老黑活到八十岁，还精神成这样，很多人便请教他的健康长寿秘诀。老黑说，他是每个大年三十晚上，包完饺子了，就制订生活计划的。他的生活计划已经制订到一百二十岁，每一岁里要干什么，怎么去干，都一一详细列出。中街药铺的跛子老王看过老黑一百岁那年的计划，过后给人说，老黑这一年的计划是五月份给孙子的孙子结婚，结婚用房得新盖，他要资助三千元。再是把院子里的井重新淘一下，安个电水泵。再再是，那一年应该是乡政府要换届，要来新的乡长了，这是陪过的第四十五位乡政府领导,他力争陪过七十位。

乡政府院子西墙外有一棵老楸树,这树不是乡政府的,是刘反正家的。棣花再没有这么大的树了,黄昏的时候,中街村的人喜欢在树下说闲话,当然说到这树活得久,说老黑也活得久,有一个叫宽喜的人,就也学着老黑订计划,计划他也要活过一百岁。

宽喜只活了六十二岁就死了。

而中街村还有一个人,叫牛绳,牛绳的日子艰难,整天说啥时死呀,死了就不泼烦了。他来问老黑:宽喜也心劲大着要长寿,咋就死了,你这计划是不是不中用?老黑说:宽喜是县上干部,退休没了事,阎王爷哪会让没事干的人还活在世上?订计划是订着做不完的事哩,不是为了活而活的。宽喜想活他活不了,你想死也死不了,因为你上有老下有小,你任务没完成哩你咋死?

这话说过半年,有一天夜里,老黑在院门口坐着,听见楸树咯吱咯吱响,好像在说:唉,走呀,我走呀。

第二天,刘反正得了脑溢血死了,他儿子伐了楸树给他大做了棺材。

乡政府大院门口从此没了那棵树,而老黑还在,新一任的乡长才来了七天,老黑每晚要给新乡长说着一段棣花的历史。

武帝山记

　　以帝王之名而名山者，为武帝山也。百里山草木不生，而唯此苍翠者，为武帝山也。看似不高，登而艰险者，为武帝山也。坡前是柏，坡后是松，皆从石隙扭出者，为武帝山也。云遮雾罩有龟起龙探者，为武帝山也。忽晴忽阴，时日照时冰雹者，为武帝山也。塑神像而鞭挞呵斥索雨者，为武帝山也。不喜武力，不近权贵而攀武帝山者为平凹也。平凹攀山，不求羽化成仙，而为内省修心也。

西安这座城

　　我住在西安城里已经是二十年了，我不敢说这个城就是我的，或我给了这个城什么，但二十年前我还在陕南的乡下，确实是做过了一个梦的，梦见了一棵不高大的却很老的树，树上有一个洞；在现实的生活里，老家是有满山的林子，但我没有觅寻到这样的树，而在初做城人的那年，于街头却发现了，真的，和梦境中的树丝毫不差。这棵树现在还长着，年年我总是看它一次，死去的枝柯变得僵硬，新生的梢条软和如柳，我就常常盯着还趴在树干上的裂着背已去了实质的蝉壳，发许久的迷瞪，不知道这蝉是蜕了几多回壳，生命在如此转换，真的是无生无灭，可那飞来的蝉又始于何时，又该终于何地呢？于是在近晚的夕阳中驻脚南城楼下，听岁月腐蚀得并不完整的砖块缝里，一群蟋蟀在唱着一部繁乐，恍惚里就觉得哪一块砖是我吧，或者，我是蟋蟀中的一只，夜夜在望着万里的长空，迎接着每一次新来的明月而欢歌了。

　　我庆幸这座城在中国的西部，在苍茫的关中平原上，其实只能在中国西部的关中平原上才会有这样的城，我忍不住就唱关于这个地方的一段民谣：

八百里秦川黄土飞扬，

三千万人民吼叫秦腔，

调一碗黏面喜气洋洋，

没有辣子嘟嘟囔囔。

这样的民谣，描绘的或许缺乏现代气息，但落后并不等于愚昧，它所透发的一种气势，没有矫情和虚浮，是冷的幽默，是对旧的生态状态的自审，我唱着它的时候，唱不出声的却常常是想到了夸父逐日渴死在去海的路上的悲壮。正是这样，数年前南方的几个城市来人，以优越异常的生活待遇招募我去，我谢绝了，我不去，我爱陕西，我爱西安这个城。我生不在此，死却必定在此，当百年之后躯体焚烧于火葬场，我的灵魂随同黑烟爬出了高高的烟囱，我也会变成一朵云游荡在这座城的上空的。

当世界上的新型城市愈来愈变成了一堆水泥，我该怎样来叙说西安这座城呢？是的，没必要夸耀曾经是十三个王朝国都的历史，也不自得八水环绕的地理风水，承认中国的政治、经济、文化的中心已不在了这里，对于显赫的汉唐，它只能称为"废都"，但可爱的是，时至今日，气派不倒的，风范依存的，在全世界的范围内最具古城魅力的，也只有西安了。它的城墙赫然完整，独身站定在护城河上的吊板桥上，仰观那城楼、角楼、女墙垛口，再怯弱的人也要豪情长啸了。大街小巷方正对称，排列有序的四合院和四合院砖雕门楼下已经油黑如铁的花石门墩，你可以立即坠入了古昔里高头大马驾驶了木制的大车喤喤喤开过来的境界里去。如果有机会收集一下全城的数千个街巷名称，贡院门，书院门，竹笆市，琉璃市，教场门，端履门，炭市街，麦苋街，车巷，油巷……你突然感到历史并不遥远，似至眼前飞过一只并不卫生的苍蝇，也忍不住怀疑这苍蝇的身上有着汉时的模样还是有唐时标记？现代的艺术在大型的豪华的剧院、影院、歌舞厅日夜上演着，但爬满的青苔如古钱一样在城墙根下，总是有人在观赏着中国最古老的属于这个地方的秦腔，或者皮影木偶，这不是正规的演艺人，他们是工余后的娱乐，有人演，就有人看，演和看宣泄的是一种自豪，生命里涌动的是一种历史的追忆，所以你也便明白了街头饭馆里的餐具，瓷是那么粗的瓷，大得称之为海碗。逢年过节，你见过哪里的城市的街巷演动着了社火，踩起了高跷，扛着杏黄色的幡旗放火铳，敲纯粹的鼓乐？最是那土得掉渣的土话里，如果依音笔写出来，竟然是文言文中的极典雅的词语，抱孩子不说抱，说"携"，口中没味不说没味，说"寡"，即使骂人滚开也不说滚，说"避"。你随便走进一条巷的一户人家中吧，是艺术家或者是工作人，小职员，个体的商贩，他们的客厅是悬挂了装裱考究的字画，桌柜上必是摆了几件古陶旧瓷，对于书法绘画的理解，对于文物古董的珍存，成为他们生活的基本要求。男人们崇尚的是黑与白的色调，女人们则喜欢穿大红大绿的衣裳，质朴大方，悲喜分明。他们少以言辞，多以行动，喜欢沉默，善于思考，崇拜的是智慧，鄙夷的是油滑，有整体雄浑，无琐碎甜腻。西安的科技人才云集为国内前茅，产生了众多的全球著名的数学家、物理学家，但民间却大量涌现着《易经》的研究家，观天象，识地理，搞预测，做遥控，你不敢轻视了静坐于酒馆一角独饮的老翁或巷头鸡皮鹤首的老妪，他们说不定就是身怀绝技的奇才异人。清晨的菜市场上，你会见到手托着豆腐，三个两个地立在那里谈论着国内的新闻，去公共厕所蹲坑，你也会听到最及时的关于联合国的一次会议的内容，关心国事，放眼全球，似乎对于他们是一种多余但他们就是这种古都赋予的秉性。"杞人忧天"从来不是他们讥笑的名词，甚至有人庄严提议，在城中造一尊巨大的杞人雕塑，与那巍然竖立的丝绸之路的开创人张骞塑像相映成辉，成为一种城标。整个西安城，充溢着中国历史的古意，表现的是一种东方的神秘，囫囵囵是一个旧的文物，又鲜活活是一个新的象征。

所以，当我数次搬家，总乐意在靠近城墙的地方住，现在我居住在叫甜水井的方位，井已经覆盖了，但数个四合院内还保留着古老的井台。古往千百年来，全城的食用水靠这一带甜水供应，老一代的邻居还说得清最后一届水局的模样，抱出匣子来让我瞧那手摸汗浸而光滑如铜的骨片水牌，耳畔里就隐约响起了驮着水筲的驴子叩着青石板街的节奏。星期日，去那器声腾浮的鸟市、虫市和狗市，或是赶那黎明开张，日出消散的露水集场，去城河沿上看那练习导引吐纳之术的汉子，去旧古书店书摊购买几本线装的古籍，去寺院里拜访参禅的老僧和高古的道长，去楼房的建筑工地的土坑里捡一堆称之为垃圾文物的碎瓷残片，分辨其字画属于汉的海风之格或属于唐的山骨之度，我一切都在与历史对话，调整我的时空存在，圆满我的生命状态。所以，在我的居室里接待了全中国各地来的客人乃至海外的朋友，我送他们的常常是汉瓦当的一个拓片，秦砖自刻的一方砚台，或是陪他们听一段已无弦索的古琴的无声的韶音。我说，你信步在城里走走吧，钟楼已没钟，晨时你能听见的是天音，鼓楼已没鼓，暮时你能听见的是地声，再倘若你是搞政治的，你往城东去看秦兵马俑，你是搞艺术的，你往城西去看霍去病墓前石雕。我不知疲劳地，一定要带领了客人朋友爬上城墙，指点那城南的大雁塔和曲江池，说，看见那大雁塔吗？那就是一枚印石，看见那曲江池吗？那就是一盒印泥，记住，历史当然翻开了新的一页，现代的西安当然不仅仅是个保留着过去的城，它有着同其他城市所具有的最现代的东西，但是，它区别于别的城市的，是无言的上帝把中国文化的大印放置在西安，西安永远是中国文化魂魄的所在地了。

这座城的墙

靠南一点儿就太南了，靠北一点儿就太北了，恰到好处地建筑于中国的中心；又不傍山，又不临海，偏偏就占据着关中的皇天后土；再有一个南的大雁塔做印石，再有一个东的华清池做印泥，这不把中华文化古都永远镇守住了？西安人自豪他们这座城，而最夸耀的是这座城的四面固若金汤的城墙：城之所以为城，就是因为有城墙，西安是名副其实的城啊！

可是，为什么不恢复"长安"的古城名呢？这是西安人最感不解的。翻翻史书记载，别的地方闹地震，震得稀里哗啦的，西安的门环连晃都未晃。别的地方遭水淹，淹得清汤寡水的，西安的甜水依旧长在地下，不枯不溢。军阀时期刘镇华的数万镇嵩军围攻西安八个月不能入，就是侵略了大半个中国的日本人，他也打不到这里来呀！长安、长安，这城名起得多好，长长安，安长长，这才是这座城的城魂儿。

这一切，说到底，靠的是什么呢？还不靠的是城墙。

虽然西安的规模已经铺展得很大了，但在西安人的心理上，城，还只能是在城墙之内的那一块方圆里。逢年过节，假日星期，说："进城去啊！"就是穿过那长长的城河石桥，进入冷风飕飕的城门洞。到了晚上，城墙外的街上虽然灯火通明，夜行人唯有进入城墙内方心里坦然，放缓了车速。年轻人的恋爱是够勇敢的，到鬼才去的地方，说半明半暗的话，但却绝对不往城墙外的某一处幽会。听说大兴安岭森林发生火灾，把漠河吞没了；听说汉江洪水暴溢，把安康沉沦了，西安人立即想到，那全是没有好的城墙所导致的。在西安，能遭此灾祸吗？凭这城墙，别说水火无忌，就是扔下颗原子弹，它也只能是在城外开花罢了。

有了这四堵墙，西安人就有了安全感。西安人依赖的是这城墙，崇拜的当然也是这城墙。市民们要赌咒了："我要昧了良心，让我一头撞死在城墙上！"要为难人了，就嚷："你能，你能说出城墙是怎么修的吗？"城墙是怎么修的，鬼知道！但他们一定要认为是黏土浇了小米汤捶的，用大砖砌的。然后，这砖就成了西安人考问外来人的话题：你知道是多宽多厚吗？你知道人能背几块，驴能驮几块吗？夏天枕着能知道治哪种头痛吗？刻作砚台能知道墨几日不渗吗？西安人可以把你领到城墙上去看，让你用手触摸，有时大方，也可允许你将你小小的名字刻在某一块砖上，可你是不敢拿动那半块砖的。拉板车的老汉再老，能在那里插拴驴桩吗？捉蛐蛐儿的小儿再小，能在那里捣砖缝吗？老鼠也不能到城上来打洞，近城墙住的人家，家里放了鼠药，城墙上也要放的。现在，又花巨大的人力物力修复加固城墙，新砌了女墙，新盖了角楼，满城头数万只彩灯昼夜不灭，又要筹建一条城墙公园，这样的工作，世界上除了西安人干，还会有谁呢？

进入城墙之内，就像进了家院，人的意识、感觉就会变了。瞧瞧，井字形的街上，你悠悠地来，他悠悠地去，小贩的叫卖也拖长了声调。当然，最有名的食品是牛羊肉泡馍了，你可以消消停停坐一个小时、两个小时来掰馍。要不，到巷口的小酒馆去，要一杯酒、一盘鸡爪，可以慢慢去品。然后再到路灯杆下的棋摊上，两军对垒，虽是搏杀，但允许反悔，化武为文，长夜更做持久战。树上新驻了蝉，这挺好的飞虫，竟一声长鸣数分钟，声声不息。时有风筝从广场起飞了，样子多坦荡，谁不会扭了脖子多看几眼呢？而钟鼓楼上的紫燕，飞着飞着似乎要停驻在那里，一定是在欣赏自己落在地上的身影吧。末了，寻剧院去，西安的地方戏剧团在全国最多，即使不看戏，也可以同那些老艺人叼一支长长的卷烟，沏一杯浓浓的酽茶，趿着拖鞋，在门口闲谈嘛。

城墙之内的生活是够安闲的了。

要安闲，以后更安闲，西安人又在筹建仿唐街、仿明街，说是要在这些街上，人一律穿古时服装，车一律行古时木车，不是已经禁止通行了东大街的车辆吗？规定为步行街好，瞎子也可以走来走去了。

西安人在西安居住久了，或许就有一部分人对西安的好处反倒不觉其好了，大多的西安人教育这部分居民的办法是让他出差，到北京去，到上海去，到广州去，让他们吃吃紧张的苦头，于是，那一部分人的睡梦中，常常就梦到了幸福的四堵城墙。

　　到了夏夜，西安人抱着凉席到城墙头上去享受清凉，不免也是要谈论天下的，他们也似乎有自己的牢骚，埋怨这个城比人家北京，比人家上海，比人家广州怎样怎样；也不免要说："唉唉，咱西安有什么呀？还多亏有这么个城墙！"

大唐芙蓉记

　　曲江一带素来是西安的文脉之地，秦汉隋时这里便建过囿，到了唐代，更是皇家御苑和公共自然景区。但明清以后，所有的建筑、植被毁于兵火，残山剩水，废成了一片荒野。新世纪之初，江的北岸大兴土木，再建芙蓉园，辟地九百九十九亩，水阔三百三十三亩，建筑面积超过了五万平方米，创意之新，耗资之巨，做工之良，费时之久，叹为观止。

　　园内南为山峦，北为水面。如果进西御苑门，一经芙蓉桥，日光便先采水上，山势急逼到眼前。沿波池阪道深入，愈入愈曲，两旁嘉树枝叶深深浅浅，疑有颜色重染，树下异草，风怀其间。山峦东高西低，紫云楼建于主峰上，阙亭拱卫，馆桥飞渡，雄伟不可一世。登楼临窗，远处的秦岭霞气蒸蔚，似乎白云招之即来。回首北边湖面，烟水浩渺，白鹭忽聚忽散。对岸有望春阁，却是另一番态度。一个如龙盘山顶，一个如风栖水边，两相欲语，却二湖雾漫，白茫茫一片，好像又坐忘于数千年里的往事中，销形作骨，铄骨成尘，更因风散。忽听得有丝竹管弦从山后传来，寻声而去，过南馆院，转廊槛，由码头驾船到凤凰池，但见笋穿石罅，荷高桥面。山后果然有戏馆，有唐集市，有曲水流觞，有御宴宫，只是游人如蚁，极尽繁华。绕过山脚，找一块僻静处，路上就有灰雀，鸡蛋般大，起落如掷石子，撵了灰雀到一片林前，看小桃开泛了，道边花分五色，忽一齐飞起，方知是蝴蝶蹁跹。从溪上小桥通过，步入峡谷，唐人诗句刻于崖上，一群小儿在下咿呀念诵。便见一鸭从溪中爬出，摇头晃尾而来。抱鸭出谷，拣一奇石歇息，盯一处妙地，思想此间可起小楼，驯鹿招鹤，指月评鱼。正得意着，天空恰好飘一朵云，倏忽细雨洒下，细雨是脸上有感觉，衣衫却不湿。跳跃着跑进一簇馆舍，却怎么也找不着出路，流水穿过这家庭院又穿过那家楼阁，墙那边的慈竹竟荫了墙这边的弄堂。蓦然回头，竟是长廊，廊则绕湖南往湖北，走走停停，看不够山巅、坡侧、临岸、水上的楼亭台阁依势而筑，隐显疏密。扶廊栏探身，湖水是掬不着的，荷叶翻卷，俯仰绿成波浪，金鲤成群，宛若红云铺底。遂坐船自划到湖心岛上，岛上有古石，藓斑大如铜钱，有老梅枝压亭檐。立于亭前听一女子弹琵琶，忽见湖面微皱，如抖丝绸，岛似乎在移动。买一杯茶来，慢慢品尝，直至天近黄昏时，再驾船到北岸。望春阁下，丽人馆外，成群结队的女子，个个衣着新鲜，或嬉戏于浅水滩，或围坐于草坪中，有花能解语，无树不生香，她们既看风景，又让人看。一直要等待夜幕降临，观看水幕电影和焰火表演。

　　闻名来游园，游园而忘归。芙蓉园之所以让国人震撼，世界称奇，是因为它不再是中国传统的山水写意园林的模式，而是将盛唐最有代表性的，如帝王、诗词、歌舞、市井、佛道、饮食、妇女、杏园、茶酒、科技等主题文化让建筑园林大师们赋以景点，每一处都有说法，每一处都成了文化祖庭。古人讲："天生大唐则必有长安这样的城邑以成其都，有长安城则必有曲江这样的池园来辅助其功。"几千年来，中国从未像当今如此渴望强盛，人民从未像当今渴望生活得从容优雅。芙蓉园体现了大唐气象，传达着一种精神上的向往和需求。人无精神者颓，城尤精神者废，国无精神者衰，芙蓉园建在西安，西安有了自信自强，中国何不昌盛！

关中论

秦始皇兵马俑发掘以后，天下哗然，荒荒西北高原，区区弹丸临潼，参观者将田埂踏出小路，小路扩为大道，大道纵横，网轮而散射；黑白棕黄各色种类之人民莫不叹其工艺美，英法德日各等言语之首相莫不慑服始皇威。忽有一日，有参观者锐声叫道："兵俑多像关中人相貌啊！"众人顿时大悟，出来看关中人民，果然酷似：大个，前额饱满，眉骨隆起，鼻阔近于嘴，腰长过于腿，不禁拍手叫绝。此论一传十，十传百，绘画界便有了"描关中人容，临始皇兵俑"之说。关中人对此结论并不反感，更觉荣光，一时开店建馆，成立学术学会，创办艺文报刊，皆改"陕西"为"秦"，一字竟重有千金之势。

其实陕西，并不能全部称秦，古有秦川之称，是指从东部潼关始，沿黄河之东南岸，逆渭河而西行，经渭南地区华阴、华县、大荔、合阳、韩城、白水等十三个县，又咸阳地区高陵、三原、泾阳、周至、户县、兴平等十二个县，到宝鸡地区武功、扶

风、岐山、凤翔、眉县、千阳等十一个县。这是一个八百里的黄
土积壅平坦富饶的狭长谷地。自盘古以来，这里便是养人的黄
土，日月经天，往来升降，穷万物之哲理；长河行地，洪纤巨
细，尽万物之情态。故华岳崛地而起，当惊世界殊；故渭河三十
年河东，三十年河西，横野漫流；故白杨最多，枝叶紧凑，直而
不弯；故大蒜生紫皮，辣椒吊长线，非四川能比；故黄牛大如骆
驼，毛驴叫声赛雷。万事万物得受于地面辽阔之粗犷，人为万物
之首，必然形成向外扩张之民性，走遍八百里，所见村庄，皆黄
土版筑，墙高檐宽，房与房并不对称，横七竖八一任自然，但家
家门前一丈二丈出路，路和路交叉，白杨高耸，黑榆遮阴，远远
望去，蹲卧蓝天之下，黄土之上，鸡鸣狗咬，驴嘶马叫，人却急
急行走，永远安闲，每每于清晨雾漫之时，或近黄昏夕阳腐蚀之
期，有父呼儿的，有女喊娘的，必是一声"喂"音，长达数分
钟，而结尾之处才极快吐出呼喊内容，彼起此伏，十里八里有呼
有应。

世间有"吃五谷长大"之理，关中人却除了五谷，生命里则
不能没有酒的维持。山西汾酒虽美，但他们嫌太甜，四川老窖虽
香，但他们嫌太绵，贵州茅台虽醇，但劲头太后，他们最嗜好的
是"西凤"。西凤酒产自凤翔柳林镇，味辣性烈，外地人一杯便
可红脸，二杯就要头疼，三杯下肚，天旋地转醉为烂泥，名副其
实"三碗不过冈"啊。但关中人从乡到镇，从镇到城，农民、工
人、干部，大凡红事、白事、聚朋、会友，所办酒席上，必备西

凤，无西凤者不为宴。喝将起来，七人八人，十人二十人。又三杯巡过，再打贯官，酒令五花八门，动作痛快豪爽。善饮者男人有之，女人亦有之，而且女人不喝便罢，喝则不可收拾，常在酒席之中杀出，横扫满座。以酒论英雄，不管地位、身份、性别、长幼，尽显天性。更有平日，有的能吃菜喝酒，有的无菜而喝，有的喜静坐独饮，有的爱聚众合饮，有的可一盅一盅悠悠来，有的则大碗仰脖而尽。善饮者却绝非酒鬼，人们不疯不痴，所到之处，不尚重礼，宾主无间，坐列有序，真率为约，简素为具，行立坐卧，忘形适意，那醉烂为泥而笑骂，那为酒吵闹之无赖，此皆饮中下流，一向为酒场上不足挂齿之徒也。

关中人能饮，关中人更能吃，八百里地面，县县都有传统小吃。这里生产小麦，米不多见，人也视米不能饱肚。每几省人开会，饭桌上吃白花花米饭，见狼吞虎咽者，必是南方籍人；而一边吃米饭一边啃馒头的，十个有十个是关中人。一样的面粉，吃法百样，仅烙吃的有礼泉的石饼，以大油、鸡蛋和拌，摊饼在锅里炒焦的泾河石子之上，饼酥、干、脆、爨，而白净色不能变；有耀县油旋，面擀薄如纸，敷之油辣、葱花卷团压扁，食之油而不腻，脆而不散，又觉层层叠叠，工艺叹为观止；有乾县锅盔，那竟是一拃多厚，形如磨盘，硬如石板，用牛耳刀方可切下。若论起面食，更是千奇百怪，渭南的是𰻝𰻝（biangbiang）面，以蘸辣醋水吃之；有长安的黏面，以拌大油、蒜泥搅匀吃之；有岐山吊面，以韧、薄、光、煎、稀、汪为特色；有兴平涎水面，数十人捞面回汤而出名;兼之武功扯面,三原削面,大荔拉面,其形不同,味不同,各领风骚。但是,关中人最喜吃的,也最能吃的,却是牛羊肉泡馍。将牛羊煮熟,切成碎块,在炒勺均匀炒过,加汤放料,汤是骨汤,色清而存味,料是生姜、大茴、辣椒、葱花,量重而味浓,再将烤饼掰成碎末倒入,滚成糊状,放香油香菜,盛粗瓷海碗。其整套做工,该粗即粗,该细即细,以土为洋,以奇反正,以丑变美。吃起来,碗比头大,馍比碗高,蹲在凳子上,直吃得咂声一片,汗流满面。南方人初见此食,大为惊骇,一是惊其野蛮,二是骇下肚难克,但吃之则香美绝妙。此饭是关中"国饭",入秦不吃牛羊肉泡馍,犹如进京不吃北京烤鸭一样,将为人耻笑,终生遗憾。

有了吃,有了喝,经济基础一经保证,必然要产生上层建筑,于是,相对而论就要提到秦腔了。关中人讲究实在,言语也多用去声,行走也多有响动,即使理想也不非非袅袅,在他们眼中,所谓的上流阶层,所谓的幸福生活,甚至理解共产主义,也是喝西风,吃泡馍,听秦腔。秦腔生净丑旦,行当齐全,悲喜正闹,内容应变,它为中华第一大剧种,早于川剧,源于豫剧,甚至汉调京腔还是从其演变而成。走遍关中,县县都有秦腔剧团,村村都有自乐班,仅西安城内秦腔团竟达十几个。历代名流辈出,流派繁多,对台之戏常演。每逢古历正月十五,二月二,三月清明,四月过会,五月端午,六月六,七月十五,中秋八月,登高九月,十月一,十一月二,腊月五豆腊八二十三,村村镇镇锣鼓齐鸣，粉墨登场。巴西足球大赛可以使一城轰动，关中一场精彩秦腔，却可以使十几里村庄路断人稀。相传生角任哲中在西安城演《周仁回府》，曾使南大街交通堵塞了几个小时，相传名旦郭明霞其母去车站乘车误点，大叫"我是郭明霞的娘"！火车司机竟将车停下候她，相传一秦腔迷行将死去之时，还要叫人抬床铺去戏院，看到中途会鬼使神差般翻身起坐。秦腔最宜演雄壮之剧，故大净尤受欢迎，唱得得意之处，满口啧腔，不辨字音，便满场掌如雷鸣。外地人评论秦腔是"吵架"，据说有一领导训斥部下，叫道："再要如此，让你去看一场秦腔！"将秦腔与惩罚等同划一。"挣破肿"确实是秦腔的特点，因为一个血气方刚的壮汉，怎么能想象得到让他咿咿呀呀唱那软绵绵的细腔柔调呢？

总之，喝西凤，吃泡馍，唱秦腔，这便是关中人的形象。八百里的秦川形成了独特的风尚习俗，风尚习俗又影响到在这块土地上生养将息的人民。于是乎，这是一块产生英雄和建立英雄业绩的土地，从古以来，十三个封建王朝在此建都，历史上最强盛的周、秦、汉、唐，将这里的武威推到了一个极致。这是一个伟大的历史，这也是关中人种的伟大贡献。至今在世界上，一提起关中，谁的脑海中不浮现出一个雄壮的画面：东有潼关，西有大散关，南有武关，北有金锁关，威威乎白天红日，荡荡乎渭水长行，朔风劲吹，大道扬尘，古都长安城池完整，广漠平原皇陵排列，断石残碑记历代名胜斜埋于田埂，秦砖汉瓦散见于农舍村头常搜常有。关中大地真是中华历代兴邦立业之境，关中百姓真是中华民族刚强威武之种。

但是，天下之事是一兴一衰，唐才子王维也曾有诗"行到水穷处，坐看云起时"，关中正是如此。自周秦汉唐以后，这里便每况愈下，一座庄严的保存完整的世界独一无二的古城长安，便渐渐失落了它的风采。结果，封建王朝就东迁北移，从此留给这里的是一群天龙地凤的陵墓和一种民众强悍的遗风。历史发展到了今天，伟大的中华人民共和国成立了三十多年，这块土地上进行了一场翻天覆地的革命，一批批关中儿女走到了历史的潮头，他们成为功勋昭著的将军，成了名垂青史的英雄。但是，不能不看到这块土地毕竟却落后了中华别的地面，长期以来，伟大的"长安"竟成了"保守"的代名词。曾几何时，人口拥挤的四川发达了，水旱相侵的河南发达了，长高粱大豆的辽宁发达了，贫困不堪的安徽发达了。而关中，在政治上、经济上、文化上，则虽未落入龙尾，但绝无出人头地，不上不下不左不右稳稳妥妥可可怜怜守一个中流。究其原因，当然可以列举无数，但也正如一只雄鹰被关在笼里，日夜向往云天，但一旦放其出笼，长期的有吃有喝的舒适的笼中生活，则使它翱翔的翅翼变软了，不能高飞了。关中辉煌的历史，使这块土地得以炫耀，关中祖先的勤劳、勇敢、威武、争胜使这块土地富饶丰盛，富饶丰盛的土地却使它的子孙们滋长了一种惰性，惰性的滋长反过来又冲击着古老的风俗。一旦这种风俗彻底改变，这将是多么令人伤心可怕啊！

现在，中华在振兴，陕西在振兴，关中在振兴，振兴之风愈吹愈烈，这是国之所望，人心所向。中华振兴，当在西北；西北振兴，当在陕西；陕西振兴，当在关中。为了振兴，政党在整风，国策在调整，机构在改革，上上下下，多少人杰，万众匹夫都在热血沸腾。对于关中这块土地，改变和恢复传统的健康可行的民俗却有着其独特的意义。试看今日的关中，年老的和年轻的已经明显地有了不同，对于西凤烈酒，年轻的慢慢趋向于甜酒和啤酒。早期关中人鄙甜酒为淡水，讥啤酒为恶水，笑那是城市中有钱有闲的红男绿女们的饮料，现在却恶其西凤太暴，一味去品甜酒啤酒之温和。那牛羊肉泡馍，则视之为不上雅座之食品，而热衷去吃七碟子八碗的凸底盘儿炒菜，什么糖醋丸子，什么甜米羹饭，什么拔丝甜果，推说泡馍胃不好接受而以南方口味为荣。至于秦腔，更是农村观众多于县镇，县镇观众多于城区，一进戏院，台上的是满脸皱纹，台下的是皱纹满脸。此不仅是吃、喝、听、唱，而风俗渐变严重渗透整个社会肌体，退化着关中人种气质：女的都时兴浓妆艳抹；男的也蓄长发，窄腰身，垫高鞋底；生活节奏松散缓慢；工作效率人浮于事；市面商店多出售鱼虫花鸟；作家诗人也尽写矫揉造作甜腻浮华之章。当然，历史在推进，社会在发展，风尚习俗也要依其变化，若泥古不化，墨守旧章，那是"九斤老太"之可笑。但若弃其健康可用之风格，一味洋化、软化、柔化、媚化、甜化，此不能不引起重视啊！日本人是好强不屈的，正因为好强不屈，才得以使日本发展成当今世界经济大国。清政府软弱无力，施行阿Q精神，因而导致不能自强而受洋人欺凌。不是听说许多干部对其工作不前不后，而美其名曰"这样少犯错误吗？不是清清楚楚看出在关中上下领导机构中为什么陕北陕南的人多于关中人氏？不是已经出现关中人贫穷在家，出外干大事的人愈来愈少，而少出政治、经济、军事、文艺之人才吗？一位诗人曾到关中，参观了昭陵六骏之后，感叹道："古关中人崇尚骏马，志在千里，威在海内，今关中人却喜黄牛，忍辱负重，厮守农舍，来回田头啊！"诗人的话有诗的夸张，但诗人的忧虑却不能不让关中的干群三思。所以说，人愈富，富易堕，要振兴关中，民性风俗要振兴啊！观今日天下，陕西要赶上，关中要大变，有中央领导，有政策保证，关中之地要大大补精滋神，这强筋健骨的五棺子中药，就是民俗风情。关中重振了雄威，必会人才辈出，万业俱兴，而以此强盛之业绩将在历史上再一次宣告这是一块力量的土地，这块土地上的领导将是胸怀大略的英杰，这块土地上的民众将是武威雄壮的龙的传人。

吃面

　　陕西多面食，耀县有一种，叫盐汤面，以盐为重，用十几种大料熬调料汤，不下菜，不用醋，辣子放汪，再漂几片豆腐，吃起来特别有味。盐汤面是耀县人的早饭，一下了炕，口就寡，需要吃这种面，要是不吃，一天身上就没力气。在县城里的早晨，县政府的人和背街小巷的人都往正街去，正街上隔百十米就有一家面馆，都不装修，里边摆两三张桌子，门口支了案板和大环锅，热气白花花的像生了云雾。掌柜的一边吹气一边捞面，也不吆喝，特别长的木筷子在碗沿上一敲，就递了过去。排着长队的人，前头的接了碗走开，后头的跟上再接碗，也都不说话，一人一个大海碗，蹲在街面上吃，吃得一声价儿响。吃毕了，碗也就地放了，掌柜的婆娘来收碗，顺手把一张餐纸给了吃客，吃客就擦嘴，说："滋润！"

　　这情景十多年前我见过。那时候，我在县城北的桃曲坡水库写小说，耀县的朋友说请我吃改样饭，我从库上下来吃了一次，从此就害上了瘾。在桃曲坡水库待了四十天，总共下库去吃过六次，水库到县城七八里路，要下一面塬坡，我都是步行去的，吃上两碗。一次，返回走到半坡，肚子又饥了，再去县城吃，一天里吃了两次。

后来回到西安，离耀县远了，就再没吃过盐汤面。西安的大饭店多，豪华的宴席也赴了不少，但那都是应酬，要敬酒，要说话，吃得头上不出汗。吃饭头上不出汗，那就没有吃好。每每赴这种宴席时，我就想起了盐汤面。

今年夏天，我终于对一位有小车的朋友说：咱到耀县吃盐汤面！洗了车，加了油，两个小时后到了耀县，当年吃过的那些面馆竟然还在，依旧是没装修，门口支着案板和环锅。我一路上都在酝酿着一定要吃两碗，结果一碗就吃饱了，出了一头汗。吃完后往回走，情绪非常好，街道上有人拉了一架子车玫瑰，车停下来我买了一枝。朋友说："我以为你是贵人哩，原来命贱。"我说："咋啦？"他说："跑这么远，过路费都花五十元，就吃一碗面呀？"我说："有这种贱吗？开着车跑几个小时花五十元过路费十几元油费就为吃一碗面啊！"

那面很便宜，一元钱一碗，现在涨价了，一碗是一元五角钱。

一块土地

这是××给我说的，他说，那块地并不大，总共十八亩二分五，他们习惯于说是十八亩地。

十八亩地很平整，但北头窄，南头稍宽些，西边有一条水渠，水渠一拐，朝别的地方去了，拐弯处长了棵梧桐树。十八亩地里冬天种麦，夏天种苞谷，庄稼长得好不好，他那时太小，只有两岁吧，并不理会，他只关心着那棵梧桐树上会不会来凤凰。梧桐树是沙百村里最粗的树，树冠特别大，也特别圆，风一吹，就软和了，咕涌咕涌地动。大人们都说，梧桐树上招凤凰，但他从来没见过凤凰，来的全是黑羽毛鸟，一落进去就不见了。

那时候，他的太爷还在，太爷鼻子以下都是胡子，没有嘴。他记得有一阵太爷总是去十八亩地，从地北头走到地南头，再从地南头走到地北头，来回地走。太爷在地里走着就背了手，腿好像没了膝盖，直戳戳地往前迈一步，再迈一步，像是不会走路似的。从渠沿上走过的人说：啊爷，你咋天天都量地哩？

太爷说：我有嘛！

那人说：那原本就是你的嘛。

太爷瞪了一眼。

太爷为什么要瞪人家，他不知道原因，后来是爷告诉了他。爷的爷初来乍到沙百村，这里还是一片狼牙刺滩，一家人起早贪黑硬是挖掉了狼牙刺，搬走了石头，才修出来了十八亩地。但在太爷三十岁的那一年，房子着了大火，把什么都烧成了灰，十八亩大地就卖给了村里的马家，太爷还从此给家吆马车。

太爷在用步子丈量着十八亩地，村子里正叮叮咣咣地敲锣鼓。锣鼓差不多都敲过十天半月了，还是敲，那是一套新置的响器，敲起来他总以为要敲烂了，可就是敲不烂。

锣鼓敲到谁家，谁家就拿一条红被面来挂彩，快到他家时，太婆舍不得把红被面拿出来。记得太爷站在上房台阶上吃水烟，太爷每天丈量一遍十八亩地回来都要吃水烟，说：你呀你呀，新社会了嘛！

他那时不晓得什么是社会，社会又怎么是新的了。

太爷说：土地改革了呀！

太爷在十八亩地里种了麦子，麦子长势很好，风一起，麦地里就旋了涡，风好像有双大脚，一直在那里跳舞。可是，麦子刚刚泛黄，眼看着都要搭镰了，太爷却死了。

太爷他没福。

沙百村的坟地都是在村东那个堆料礓石的高岗子上的，只有太爷的坟埋在梧桐树下。太爷临死前给太婆交代，这十八亩地是极力要求分回来的，宁愿一个人孤孤单单，一定要埋在十八亩地里。太婆和太爷一辈子意见不合，平日一个说要这样，另一个偏要那样，太婆说：啊，这一回听你的。就把太爷埋在了梧桐树下。

村里有人说，太婆真不该把太爷埋在十八亩地的，可能太爷知道太婆不顺听他的话，故意反说的，太爷哪里会舍得让坟占用十八亩地呢？他们就提起太爷的往事，说马家不仅在沙百村的土地多，在西安城里仍还有一个骡马店，太爷就每日从渭河码头上到城里的钟楼下，又从城里的钟楼下到渭河码头上吆马车拉客。冬季的夜里吆完最后一趟马车，钟楼一下就有个老妓女等太爷，太爷便给她买两碗热馄饨，她可以整夜把太爷的一双脚抱在怀里暖热。这老妓女后来就是他的太婆。但这话爷不让后辈人说，他爹不说，他也不说。

其实，太爷的事情他记得并不多。记得深刻的还是他爷。爷对十八亩地更是上心，种麦，种苞谷，也种豌豆和芝麻，地堰砌得又细又直，地里的土疙瘩都磕得碎碎的，更不能有一棵杂草。沙百村人在很长的时间里流传着一个笑话，说爷有一次进城，沙百村离城有十里路，爷感觉要大便呀，就往回赶，需要把粪屙在十八亩地里，但终究没憋住，半路上屙了，却还屙在荷叶上提回来倒在地里。这笑话或许是编的，但他亲眼看过爷在吃土。那是一个秋后，十八亩地犁过种麦，麦苗还没出来，爷领着他在地里走。爷一直鼻孔张大地吸，他说爷你吸啥哩，爷说你没闻到土气香吗。他闻不出来，爷就从地上捏一把土，捏着捏着，竟把一小撮塞在嘴里嚼起来了，吓了他一跳。

他说：爷，爷，你吃土哩？

爷说：吃哩。

他说：爷是蚯蚓。

爷呵呵呵地笑了，说：蚯蚓？啊，蚯蚓，爷是蚯蚓。

后来，爷就当了村长。当了村长，爷就走方字步，而且每次出门，都要披一件衣服，冬天里披的是棉袄，夏天里披的是褂子，在村道里走，人人见了都问候。爷怎样经管着村子，他不甚清楚，但在爷当村长的几年里，沙百村一下子成了远近闻名的先进村。

在一年夏天，有个风水先生来到村里，看了沙百村地形，认为沙百村并没什么出奇之处呀，就见到爷，怀疑是不是村长的祖坟穴位好，爷带着就去了十八亩地。才走到水湾拐弯那儿，爷却让风水先生等一等。风水先生问为啥，爷说：一群孩子在地南头偷吃豌豆哩，咱突然去了会吓着他们。风水先生哦了一声，不再去看穴位，说：我明白了，全明白了。

是过了两年吧，村里又是敲锣打鼓，叮叮咣，叮叮咣，他还是操心着锣鼓要敲烂了，可锣鼓就是敲不烂。爷当然也是参加了锣鼓队，但敲完锣鼓回来，婆在问爷：咋又敲锣鼓哩？

爷说：社会又变呀。

婆经过土改，以为又要分地，说：村里不是地都分完了吗？

爷说：要收地呀。

这就是成立了人民公社，沙百村各家各户的土地都收了，十八亩地也收了，所有的土地都归于集体。

村子里架起了高音喇叭，喇叭是个大嘴，整天在说着人民公社好。但是爷不久就病了，爷的病先是眼睛黄，后来浑身黄，黄得像土，再就是肚子胀，汤米不进。沙百村成了人民公社的一个生产队，生产队选队长，选的还是爷，爷已经领不了社员们去拔界石、扒地堰，平整大面积耕地了。睡倒了一个月，到了初秋，爷突然精神好些，要家里人搀着去十八亩地。家里人搀着他到梧桐树下，爷说：噢，芝麻开花了。头一歪，在爹的怀里咽了气。

爷死后没有埋在十八亩地里，因为十八亩地已经不属于他家，爷埋在了村东堆料礓石的高岗子上。太爷的坟堆也平了，清明节去祭奠，只在梧桐树下烧纸。

十八亩地再不可能种豌豆和芝麻了，它是村里最好的三块地之一，秋季全种了苞谷。苞谷秆上结了棒子，像牛的犄角，他总感觉十八亩地里是摆了牛阵，牛随时就会呼啸着跑了出来。

那些年里，吃粮吃菜连同烧锅的柴火都由生产队按工分的多少来分的，人开始肚子吃不饱饭，猪也瘦得长一身的红毛。沙百村的人几乎都成了贼，想着法儿偷地里的庄稼，他也就钻到十八亩地里将套种在苞谷里的黄豆叶子。将黄豆叶子时连黄豆荚一块将，拿回家猪吃叶子，人煮了豆荚吃。他是先后去将过三次，第四次让队长发现了，队长夺了笼筐，当场就用脚踏扁了。

他说：这十八亩地原本是我家……

队长说：你说啥？你再说？！

队长扇了他一个耳光，他就没敢再说。

他回到家要把挨打的事说给爹的，爹却正把那套锣鼓往他家的土楼上放，他以为又要敲锣鼓了。爹告诉他这套锣鼓一直在常三爷家，常三爷年纪大了，常三爷的儿子老谋着要把锣当烂铜烂铁卖了去买黑市粮呀，常三爷就让爹存到他家的。

这锣鼓从此就放在他家的土楼上，再也没有敲过。有一年村里有个叫朱能的人来他家借小米，他家没有秤，也没升子，朱能说你家不是放着锣吗，给我量上一锣。他爹从土楼上取锣，锣里竟然有一窝新生的老鼠。用锣量了一锣小米，朱能却是把那一锣小米做了干饭，一顿吃了。

朱能坏了村子的名誉，周围生产队的人都在嘲笑，说沙百村的人是饿死鬼托生的。

在他七岁的那年，娘得了一种病，就是腰越来越弯，好像她背上老压着个大沙袋似的，眼睛再也看不到天了。爹把他寄养在了城里的姑家，就在那里上学。村里的事自那以后他便知道得少了，只晓得爹在后来像太爷年轻时一样，吆起了马车。但爹吆马车不是去拉客，爹是到城里拉粪车。每个星期六了，爹都要来姑家的那个大杂院收粪水，辕杆上就吊一个麻袋，里边装着红薯，或者是白菜和葱，放到姑家了，便在厕所里淘粪，然后一桶一桶提出去倒在马车上的木罐里。那匹老马很乖，站着一动不动，无论头是朝东还是朝西，尾巴老是朝下。淘完了粪，爹是不在姑家吃饭的，带着他回沙百村过星期天，他便坐在辕杆上。

他是每个星期六都坐粪车的，一直坐到了中学毕业。

这期间发生了多少事啊，比如，他娘死了，他爹摔断过腿，头发一根一根全白了，他又上了大学，大学毕业再在一家报社上班。

就在他再一次回到沙百村，要把辞退工作准备经商的想法说给爹，他记得清清楚楚，那一天他家的院子里涌了好多人。这些人在从土楼上往下取锣鼓，鼓是皮松了，重张拉紧钉好，而锣也锈了几处，敲起来还是震耳欲聋。他那时真笨，以为他们要闹社火，还纳闷着沙百村从来就没有闹过社火呀。

院子人说：征地啦，征地啦！

他说：土地又改革呀？

院子人说：你还是城里人哩，你不知道征地？！

他当然知道征地，好多城中村都征地盖楼房了，可他哪里能想到，沙百村距城这么远的，怎么就征到了这里的地！

沙百村的锣鼓叮叮咣咣敲动着，沙百村果真是被征了地，不仅是征了耕地，连村子都征了。因为沙百村西边的三个村子原是唐代的皇家公园旧址，现在要恢复重建，周围十几个村子都得搬迁。

那个晚上，沙百村人都在高兴，这地一征，社会又变了嘛，他们终于不再是农民了，以后子子孙孙永远不是农民了，而且每家还领到了一大笔补贴费，就筹划着该怎么使用这些钱了：去大商场租个柜台吧，从广州、上海进货，做服装生意，却又担心如果货卖不出去怎么办。最可靠的还是在街上去摆地摊吧，或者推个三轮车去卖早点。他爹却在屋里喝闷酒，喝了半瓶子，喝得一脸的汗都是油。

爹说：你爹真的也不是农民了？

他说：没地了，当然不是农民嘛。

爹却说咱到十八亩地去。

他能理解爹的心情，以前分了地，又收了地，地还在沙百村，天天都能看到，现在却要离开沙百村，十八亩地说不定做什么用场，就再也没有了呀。他陪爹去了十八亩地。那一夜月亮很高，爹又像太爷一样，反背了手，腿也没了膝盖，直直地一步一步从地北头走到地南头，从地南头走到地北头。走了七八个来回，爹的腿一软就跪在地上磕头。他不知道爹是给十八亩地磕头哩，还是给埋在十八亩地里的太爷磕头。

爹离开了沙百村，搬住到了城西南角新建的小区，把家里的什么都带去了，包括那一套锣鼓。但爹过不惯住高层楼的生活，说老觉得楼在摇，晚上睡不踏实。

他不能陪爹呀，先还是十天半月去看望一次，后来三四个月也难得来，因为他的公司经营外贸生意，生意又非常好，而且在积累了一定资金后，他也开始进入房地产市场。

城市发展确实很快，像湖水一样向四边漫延着扩张，那个唐代的皇家公园在三年内就恢复重建了，果然成了西安最现代也最美丽的地方，原先二十万一亩征去的土地，地价开始成了四百万一亩，纷纷建造了别墅，别墅已卖到两万元一平方米。还未开发的那些地方，政府都用围墙圈着，过一段时间，拍卖一块，再过一段时间，再拍卖一块。

当然，每次拍卖会他都去参加的，每次参加了都铩羽而归，因为价钱实在是太高了。但当又一次召开拍卖会，拍卖的是沙百村那一片地，他竭力竞争，他的实力不可能拿下整个沙百村，却终于得到了那十八亩地的开发权。

他把这消息告诉了爹，爹雇了一辆三轮车把那一套锣鼓拉到了十八亩地里，和他公司的员工整整敲了三天三夜，叮叮咣，叮叮咣，这一回鼓敲得散了架，锣真的就烂了。

他说，这十八亩地他要得到，就是倾公司的所有力量，一定要得到，得不到他就得疯了。他确实有些孤注一掷，甚至是变态了。他在给他的员工讲道理，他说十八亩地，是他看到的也是经过的，收了，分了，又收了，又分了，这就是社会在变化。社会的每一次变化就是土地的每一次改革，这土地永远还是十八亩呀，它改革着，却演绎了几代人的命运啊！

××说完了他的故事，我让他带我去十八亩地看看，十八亩地果然还被围墙围着，地很平，没有庄稼，长着密密麻麻一人多高的蒿草。水渠已经没有了，那棵梧桐树还在。那真是少见的一棵树呀，树干粗得两个人才能抱住，树冠又大又圆。突然，地的南头嘎啦啦一声，飞起了一只鸟，这鸟的尾巴很长，也很好看，我们立即认出那是野鸡，就撵了过去。野鸡还在草上闪了几下，后来再寻就不见了。

怎么会有野鸡？野鸡是能飞的，但它飞不高也飞不远，围墙之外都是楼房，它是从哪儿来的？我们都疑惑了。

我说：是不是沙百村原来就有野鸡？

他说：这不可能，我从来没在村里见过野鸡。

我想，那就是这十八亩被围起来后，地上自生了蒿草也自生了野鸡。因为若是一个水塘，水塘里从没放过鱼苗，过那么几年水塘里不就有鱼在游动吗？

××却突然地说：这是不是我太爷的魂？！

他这话是把我吓了一跳，但我绝不会认为他的话是对的，我只是担心这十八亩地很快就要铲草掘土，建起高楼了，那野鸡还能生存多少日子呢？

又是一年过去了，我再没见到××也没有听到关于他的消息。有一天路过了那十八亩地，十八亩地的围院换了，换成了又高又厚的砖墙，全涂着红色，围墙里并不是建筑工地，梧桐树还在，蒿草还一人多高。而围墙西头紧锁着的两扇铁门，门口挂着了一个牌子，写着：一块土地。

梦城

　　八月走河西，在安西大汉见一城：东西长三百余米，南北百米不足，黄土版筑，墙垛完整；四周无一山一树障碍，天空地阔之间，便古拙壮观突出到了极致。戈壁滩上裹足行走了数日未曾遇见过什么村镇，偶尔有三户两户人家了，要么搭一间四方的不苫瓦覆草的泥棚，要么撑一顶毡包，泥棚前羊群或聚或散，毡包外孤烟直长，骆驼则负重而无声。突然竟有了一座城池，好不令人冲动！忙查地图辨方位拍照留念，却不见门洞里有人出入，也未听到鸡鸣狗咬。探头探脑步进城去，街巷屋舍却俱废了，唯有一些断墙残壁大小长短方圆错落，沙石遍地，金刚荆隆起如刺猬，马蛇子窜行，快极，只见影子不能辨其身纹。远远的败墙豁口，一只黄羊一闪，立即不知了去向。疑心是进了鬼窟，惊叫着逃出再不敢回头。一路仓仓皇皇，一看见风沙旋成立柱从身边疾过，就以为是追来的空城鬼魅的大脚，砰砰跳荡不已。

　　夜里到安西，问起空城所见，安西人大笑，说：此梦城也，清代物事。相传康熙爷做了一梦，梦到一处城池甚美，便差人以梦境查访此地，遂到桥湾，景与梦合，便拨巨款令一大臣父子去造筑一座紫禁城一样的城池。大臣父子以为地处遥远，便大肆贪污，仅修了一个小城，后被人告发，康熙爷处其死刑，并剥下人皮做大小两个鼓挂在城门以戒天下。

康熙可谓荒唐啊！大臣可谓卑鄙啊！十七世纪到二十世纪，日月运行，沧桑变迁，当年"普天之下，莫非王土"，王土的大漠却是一所天然的博物馆：一座空城，日不能晒爆，风不能吹走，雨不能淋塌，几个世纪地记载着一代天子的梦，记载着贪官污吏的耻。

安西人问：在那里听到人皮鼓响吗？没有。又说：鼓是谁也未见过，但有人在飞沙走石、狂风四起之时，听到过一种卜卜声，如人的哀鸣。自恨没有耳福，一边感激大汉这所博物馆，一边又遗憾这博物馆离人群太远，不能使天下更多的人都看到那空城，都细辨出那鼓声，一边惴惴追忆而已。

走了几个城镇

中国的行政区域，据说，还沿用了明清时的划分，那就是不规则，或竖着或横着，相互交错，尤其省会城市必须都与邻省的距离最近，以防地方造反动乱。至于县与镇，就无所顾忌了，基于方便管理吧，百十里一县，二十里一镇。但在民间的习惯上，可能老百姓最营心的还是县，一般把省会城市不叫省城，叫省，镇当然还叫镇，而说到城，那就是指县城了。这如同所有的大路都叫官道，即便长江黄河从县城边流过，也都一律叫作县河。

今年，在断断续续的几个月里，我沿着汉江走了十几个城镇，虽不是去做调研和采风，却也是有意要去增点见识。那里最大的河流是汉江，江北秦岭，江南巴山，无论秦岭巴山，在这一地段里都极其陡峭，汉江就没有了滩，水一直流在山根。那里有一句咒语：你上山滚江去！也真是在山上一失足，就滚到汉江里去了。沿江两岸南北去数百里，凡是沟岔，莫不是河流，所有的河流也都是汉江的秉性，没堤没岸，苦得城镇全在水边的坡崖上建筑，或开崖劈出平台，或依坡随形而上。我和司机每次都是悄然出发，不事声张，拒绝应酬，除了反复叮咛限制车速外，一任随心所欲，走哪儿算哪儿，饥了逢饭馆就进，黑了有旅社便宿，一路下来，倒看到了平日看不到的一些事，听到了平日听不到的一些话，回来做一次长舌男，给朋友唠叨。

达州

傍晚到达，城里人多如蚂蚁，正好手机上有了朋友发来的短信：想我的，赏个拥抱，不理我的，出门让……蚂蚁绊倒。我就笑了，在达州，真会被蚂蚁绊倒呢。

不仅人多，人都还忙着吃，每个饭馆里都有人站着等候凳子，小吃摊更是被人围着。随处可见有女孩，女孩都是三四个并排走的，一边走一边端着个小纸盒子，把什么东西往嘴里塞。

这让我想起二十世纪九十年代去过关中的一些县城，满地都是嚼过的甘蔗皮和渣子，所有的电影院里，上千人全都嗑瓜子，嚓嚓嚓的声音像潮水一般，你不也买一包来嗑就无法坐下来。

但达州街上很干净。

好比看见青年男女相拥相爱觉得可爱，而撞着年纪大的人偷情便恶心一样，达州城里女孩子的吃相倒优雅，是个风景。

只是街道窄。街道窄一是人太多，二是两边的楼房太高也太密。楼大多没外装饰，就显得是水泥的灰气。楼高就楼高了，其实也不是摩天大厦，而几乎一座挨着一座，同样格式，一般地高，齐刷刷地盖过去，我就感觉每条街上便是两座楼，左边是一座，右边是一座。

寻着一个宾馆住下，从最上边的窗子能俯视全城。城原来是建在一个山窝子里，楼把山窝子挤得严严实实，楼顶与四边的山冈几乎齐平，风在上边跑，风的脚可以从东跑到西，从北跑到南，风跑不到街上去。

一个县城，怎么会有这么多人呢？达州离大城市远，方圆数百里的大山里，这座城就是繁华地了吧。国家实施发展城镇化，人越来越多，楼就建得密密匝匝，要把小山窝子撑炸了。人是一张肉皮包裹了五脏六腑，人都到这里来讨好生活，水泥的楼房就把人打了包垒起来。

第二天离开达州，半路上遇着一辆运鸡的卡车，车上架着一层一层铁丝笼，每个铁丝格里都伸出个鸡头。擦车而过的瞬间，我看到那些鸡的冠都紫黑，张着嘴，眼睛惊恐不已。

镇安

没通高速公路前，从镇安到西安的班车要走七八个小时，通了高速公路，只需两个小时；双休日，西安人就多驾车去那里玩了。

隔着一条县河，北边的山坐下来，南边的山也坐下来，坐下来的北边山的右膝盖对着南边山的右膝盖，城就在山的脚弯子里，建成了个葫芦状。北山的膝盖上有个公园，也有个酒店，我在酒店里住过三天。

差不多的早晨都有一段雨。那雨并不是雨点子落在地上，而是从崖头上、树林子里斜着飞，飞在半空里就燃烧了，变成白色的烟。在这种烟雨中，一溜带串的人要从城里爬上山来，在公园里锻炼。他们多是带一个口袋或者藤篮，锻炼完了路过菜市买菜，然后再去上班。而到了黄昏，云很怪异，云是风，从山梁后迅疾刮过来，在城的上空盘旋生发，一片一片往下掉，掉下来却什么也没有。这时候，机关单位的人该下班了，回家的全是女的，相约着饭后去跳舞，而男的却多是留下来，他们要洗脚，办公室里各人有各人的盆子，打了热水洗了，才晃悠晃悠地离开。

八点钟，广场上喇叭准时就响了，广场在城里最中心处，小得没有足球场大吧，数百个女人在那里跳舞。世上上瘾的东西真多，吸烟上瘾，喝酒上瘾，打牌上瘾，当然吃饭是最大的瘾，除了吃饭，女人们就是跳舞，反复着那几个动作，却跳得脖脸通红，刘海儿全汗湿在额上。

这舞一直要跳过十二点，周围人没有意见，因为有了跳舞，铺面里的生意才兴旺。

镇安离西安太近，乡下的农民去西安打工的就特别多，城里流动人口少，那些老户就把自家的房子都做了铺面，从西安进了各种各样的货，再批发给乡镇来的小贩。而机关单位的人，最能行的已调往西安去了，留下来的，因为有份工作，也就心安理得留在县城。县城的生活节奏缓慢，日子不富不穷，倒安排得十分悠然。

我在夜市的一个摊位上坐下来，想吃碗馄饨，看着斜对面的那家铺面，光头老板已经和一个小贩讨价还价了半天，末了，小贩开始装雨鞋，整整装了两麻袋。一个穿着西服的人提了一瓶酒、三根黄瓜往过走，光头在招呼了：啊，去接嫂子呀？

穿西服的人说：让她跳去，我买瓶酒，睡前不喝两盅睡不着嘛。

光头说：好日子嘛，啥好酒？

穿西服的说：苞谷酒。

光头说：咋喝苞谷酒了？

穿西服的说：没你发财呀！

光头说：发什么财，要是能端公家饭碗，我也不这么晚了还忙乎！

穿西服的说：这倒是，你比我钱多，我比你自在嘛。

夜市的南头，单独吊着一个灯泡，灯泡下放着一盆水，飞虫在盆子里落了一指厚，但仍有蚊子咬人。卖馄饨的给了我一把蒲扇，那扇子后来不是扇，是在打，又打不住蚊子，一下一下都在打我。

小河

从镇安到旬阳去，走的是二级公路。车到一个半山弯，路边有一排商店，商店里不知还有什么货，商店门口都摆了许多摊位，出售廉价的鞋帽衣物。没有顾客，摊位后是一妇女给婴儿喂奶，还有一只狗。

商店的左前方是一个急转而下的路口。

我从路口往下看，路是四十度的斜坡，一边紧贴着崖，崖石龇牙咧嘴，一边还是商店，开间小，入深更小，像是粘在塄沿上。有人就拉着架子车爬上来，身子向前扑得特别厉害，眼睛一直盯着地面，似乎他不敢抬头，一抬头，劲一松，车子就倒溜下去了。

也真是，我在商店里买了一包烟，烟是假烟，吸着的时候店主再拿一瓶饮料让我买，又拿一包糕点让我买，我一直吸烟，店主有些生气，说：要不要，你说个话呀！我说：我能说话吗，我一说话烟就灭了。

我顺着坡道一直往下走，这就到了镇上，两边门面房的台阶又窄又高，门开着，里边黑洞洞的，看不清是卖货的还是卖饭的，门口都有一块光溜溜的石头，差不多四五个石头上站着鸭子，鸭子总是痒，拿长嘴啄身子。转过弯，又往下走，人家和商店更多些。再转个弯，就是河，河上有一座桥。桥头上有一个饭店，摆有三张木桌，饭店旁坐着个钉鞋的，他一直盯着我的脚。

桥应该是石拱桥，或者木桥，但它是水泥桥，已经破坏了护栏。站在桥上可以看到这个镇子一分两半，一半在东边的山坡，一半在西边的山坡。一个小镇分为两半，中间是一条不大的河，所以镇名叫小河吧。

河对面是另一条街，其实是从桥头一家杂货店门口像梯子一样陡的下坡路，一直下到河滩。这条街上多卖副食，山果也在这里卖。一黑瘦女人一见我来就拿一根竹枝扇肉案上的一个猪头，说：肉耶，没喂饲料的肉！路尽头的河滩上，篱笆里长着萝卜，叶子很青，萝卜很白。

从桥那边返回来，许多人也是路过了停车下来到镇上的，站在桥上讨论着要买鸡蛋，说这里的鸡蛋一定是土鸡蛋，还说买一头猪吧，五六十斤的，拉回去喂三个月苹果，那肯定好吃哩。讨论完了，就趴在护栏往下看，两边那屋场下的石阶上，有女人在河里淘米，他们不知是在看淘米的人，还是在看水里自己的影子。

在镇街转弯处，一家门口有一堆树根，见一个酒盅粗的柴棍似龙的形状，拿了要走时，忽有三个孩子跑来说那要钱哩，不给十元钱不能拿。我很生气，说一个柴棍都要钱呀？抬头看见六七个男人全端了饭碗蹲在不远的台阶上吃，我说：是你们教唆的吧？我朋友十年前路过这儿看见，一个汉代石狮子，值三百元钱你们十元钱就卖了，现在一个柴棍儿值不了一毛钱倒要十元钱？六七个男人不说话，全在笑。我就把柴棍儿扔回树根堆了。

又回到入镇的那个慢坡路上，有人赶着一头毛驴迎面走来，人走一步，驴走一步，人总想去拉驴尾，但就差一步，一步撵不上一步，驴尾到底没拉住。

半山弯的鞋帽衣物摊边，妇女不见了，婴儿坐在那里，嘴里叼着一个塑料奶嘴。狗也嚼根骨头，骨头上没肉，狗图的是骨头上的肉味，在不停地嚼。

白河

白河县城最早可能是一条街，河街。从湖北上来的，从安康下来的，船都停在城外渡口了，然后在河街上吃饭住店，掏钱寻乐。但现在是城沿着那座山从下往上盖，盖到了山顶，街巷就横着竖着，斜横着和斜竖着，拥拥挤挤，密密匝匝。所有的房子都是前后或左右墙不一样高，总有一边是从坡上凿坑栽桩再砌起来，县河上的鸟喜欢在树枝上和电线上站立，白河人也有着在峭岩塄头上筑屋的本事。

地方实在是太仄狭了，城还在扩张，因为这里是陕西和湖北的交界，真正的边城，它需要繁华，却如一棵桃树，尽力去开花，但也终究是一棵开了鲜艳的花的桃树。

城里人口音驳杂，似乎各说各的话，就显得一切都乱哄哄的。尤其在夜里，山顶的那条街上，更多的是摩托，后座上总是坐着年轻的女人，长腿裸露，像两根白萝卜。街上的灯很亮，但烤肉摊上炸豆腐摊上还有灯，有卖烧鸡的脖子上拴个带子，把端盘吊在身前，盘子里也有一盏灯。一片高跟鞋叩着水泥地面响，像敲梆子，三四个女孩跑过来，合伙买了半块鸡，旁边的小吃摊上就有人发怪声，喂喂地叫，女孩并不害怕，撕着肉往舌根送，不影响着口红的颜色。

第二天的上午，我到了那条河街上。因为来前有人就提说过河街，说有木板门面房，有吊脚楼，有云墙，有拱檐，能看到背架和麻鞋，能听到姐儿歌和叫卖山货声，能吃到油炸的蚕蛹和腊肉。但我站在街上的时候我失望了，街还是老街，又老不到什么地方去，估摸也就是二十世纪八十年代吧，两边的房子非常狭窄，而且七扭八歪的，还有着一些石板路，已经坑坑洼洼，还聚着雨水。没有商店，没有饭馆，高高台阶上的人家，木板门要么开着，要么闭着，门口总是坐着一些妇女，有择菜的，菜都腐败了，一根一根地择，有的却还分类着破烂，把空塑料瓶装在一个麻袋里，把各种纸箱又压平打成捆。我终于看到了三间房子有着拱檐，大呼小叫地就去拍照，台阶上的妇女立即变脸失色地跑下来，要我不要声高，说是孩子在屋里复习哩。这让我非常奇怪，问这是怎么回事，一妇女拉我到了一边，叽叽咕咕给我说了一通。

她虽然也说不清，但我大致知道了这里原本是白河老户最多的街，当县城不停地拆不停地盖，移到了山顶后，老户的人大多就离开了，现在只剩下一些老年人和空房子，而四乡八村来县城上学的孩子又把空房子租下来，那些妇女就是来陪读的。

边城是繁华着，其实边城里的人每每都在想着有一日离开这个地方，他们这一辈已经没力量出外，希望就寄托在下一代上。已经有许多人家，日子还可以的，就寻亲拜友，想方设法，把孩子送到安康或者西安去读小学中学，以便将来更容易考上大学，而乡下的人家又将孩子从乡镇的学校送到县城来读书。

面对着这个妇女，我不知道该对她说什么好。当头的太阳开始西斜，靠南的房子把阴影铺到了街道上，一半白一半黑。就在那黑白线上，一个老头佝偻着腰从街的那头走过来，他用手巾提着一块豆腐，一只鸡一直跟着他，时不时在豆腐上啄一口。

山阳和汉阴

县城几乎都是靠河建，建在河北岸，因为天下衙门要朝南开的。山阳就在河之北，汉阴其实也在河之北，应该叫汉阳。

县城临河，当然不是一般小河，可能以前的水都是很大的水，但现在到处都缺水了，河滩的石头窝里便长着草，破砖烂坯，塑料袋随风乱飞。改革年代，大城市的变化是修路盖房，小县城也效仿着，首先是翻新和扩建，干涸的或仅能支起列石的县河当然有碍观瞻，所以当一个县城用橡皮坝拦起水后，几乎所有的县城都起坝拦水。

除拦河聚水外，凡是县城都要修一个广场，地方大的修大的，地方小的修小的。广场上就栽一个雕塑，称作龙城的雕个龙，称作凤城的雕个凤，如果这个县城什么都不是，柿子出名，雕一个大柿子。还有，就在四面山头的树林子里装灯，每到夜晚，山就隐去，如星空下落。再是在河滨路上建碑林或放置巨石，碑与石上多是当地领导的题词，字都写得不好。店铺确实是多，门面虽小，招牌却大，北京有什么字号，省城就有什么字号，县城肯定也就有了。我看见过一处路边的公共厕所，一个门洞上画着一个烟斗，一个门洞上画着一只高跟鞋。

到山阳县城的那个晚上，雨下得很大，街上自然人不多，进一个小饭店去吃饭。老板正拿个拍子打苍蝇，拍子一举，苍蝇飞了，才放下拍子，苍蝇又在桌上爬。我问有没有包间，还有一个包间，关了门就没苍蝇了。但不停地有人推门，门一推，苍蝇又进来，似乎它一直就等在门口。

苍蝇烦人，这还罢了，隔壁包间里喝酒的声音很大，好像有十几个人吧，一直在议论着县上干部调整的事，说这次能空出八个职位来，××乡的书记这次是铁板上钉钉没问题了，也早该轮到他了，××镇长也内定了，听说在省上市上都寻了人，××副主任这几天跑疯了，跑有什么用呢，听说有人在告他，×××是最后一次机会了，再不把副的变成正的，今辈子就毕势了。后来又有人进了店，立即几个在恭喜，并嚷嚷：今日这饭菜钱你得出了！来人说：出呀，出！接着有人大声咳嗽着，似乎到店门外吐痰，看见了街上什么人，也喊着你来请客呀，并没喊得那人进来，他又回到包间说：狗日的××在街上哩，也不打伞，淋着雨。一人说：这次他到××部去呀？另一人说：听说是。那人说：我让他请喝酒，狗日的竟然说：低调，要低调。哈哈声就起，有人说：咳，啥时候咱也进步呀？！

进步就是升迁。越是经济不发达，县城的餐饮业就红火，县城的工作难有起色，干部们在谋算着升迁。每过一个时期，干部调整，就是县城最敏感最不安静的日子，饭店也便热闹起来。

我在包间里吃了两碗扁食，隔壁包间的人都醉了，有碗碟破碎声，有呕吐声，有争吵声，又有了哭声。我喊老板结账，老板进来，看着墙，说：怎么还有苍蝇？用手去拍，却哎哟叫起来，原来墙上的黑点不是苍蝇，是颗钉子。

我走出饭店，默默地从街上走，雨淋得衣服贴在了身上。在我前边有两个人，一个人低声说：这次你怎么样呀？另一个人竟高声起来，骂了一句：钱没少花，事没办成。

三天后去汉阴，汉阴正举办一个什么活动，广场上悬着许多气球，摆着各种颜色的宣传牌：可能是有省市的领导来了，警车开道，呜哇呜哇叫，一溜儿小车就在街巷里转过。

汉阴的饭是最有特点的，我打问着哪儿有农家乐，就去了城关的一个村子。村子被山围着，山下就是条小河，人家住得分散，但房子都是新修的，或者几个房子一簇卧在山脚，或者在河对面，一片树林子里露出瓷片砌出的白墙，或者就在河上栽桩架屋。来吃饭的人特别多，小路上来回的汽车掉不了头，堵塞在那里，乘客下车一边往里走，一边说：乡下真美嘛！

我错开吃饭时间，独自往沟里走，房子也越来越旧了，在一户周围长满了竹子的屋舍前，见一个女孩在门前坐在小凳子上趴在大凳子上做作业。这户人家三间上房，两间厢房，厢房对面是猪圈和厕所。我走近去，朝着门的上房里张望，想看看里边的摆设，女孩却说：你不要进去。房里是有一个炕，炕上和衣侧睡着一个妇女。我说：你妈在睡觉？女孩说：不是我妈，是我大的情人。女孩的话让我吃了一惊，再问她话时，她一句也不愿意给我说了。

我终于在一家"农家乐"里吃上了饭，问起老板那女孩家的事，才知道女孩的妈三年前去西安打工，再没有回来，也没有任何音讯。吃毕了饭出来，却看见远远的河边，那个女孩在洗衣裳，棒槌打下去已经起来了，才发出啪啪响声，她不停地捶打，动作和声音总不和谐。

岚皋

几年前来过，是腊月底了吧，我们驱车从山顶草甸回县城，天已经黑了，每过一个沟岔，沟岔里都有三户四户人家，车灯照去，路边时不时就有女子行走，极时髦漂亮，当时吃惊不少，以为遇见了鬼。回到县城说起这事，宾馆的经理就笑了。说那不是鬼，是在上海打工的女子回来过年了，如果是白天，你到处都能看见呢。岚皋山里的女子都长得好，最早有人去上海打工，后来一个带一个，打工的就全在了上海，在上海待过半年，气质变化，比城里人还要像城里人。经理说：唉，好女子都给上海养了！

这一次来岚皋，再也没见到时髦漂亮的女子，但桃花正开。满山遍野里都能看到桃花，黛紫色的树枝上，还没长出叶子，花朵一开一疙瘩，特别粉，像是人工做上去的。

县河里常有桃花瓣流过。

岚皋人好酒，在这季节喜欢用桃花苞蕾泡酒，酒有一种清香。

街道上常有大卡车开过，车上装着树，都是大树，一车只能装一棵。还有的车上装着石头，石头比一间房还要大。这些车都是从西安来的。

西安要打造园林城市，街道两旁都要栽大树的，而且住宅小区又兴了在小区门口要堆一块巨石，西安的树贩子和石贩子就来到岚皋。树的价钱不低，石头却不用花钱，发现了一块，乡下人可以帮忙去抬到河岸，可以挣很多工钱。如果需要修路，修路有修路钱，修了路，路是拿不走的，就留下了。

乡下人到城里去打工，乡下的树和石头也要到城里去，去城里当然好啊，但城里的汽车尾气多，而且太嘈杂，不知道能不能适应。

离开岚皋时，在县城外的山弯处，有一户人家在推石磨，那么多的苞谷在磨盘顶上，很快从磨眼里溜下去没了，再把一堆苞谷倒到磨盘顶上，又很快没了，我突然就笑了：石磨是最能吃。

峦庄

去峦庄是看见路边有去峦庄的指示牌，又觉得这名字怪怪的，就把车拐进去，在一个山沟深入。

路是乡级路，年前秋里又遭水灾，好多路段还没修好，车吭吭唧唧走了一小时，天就黑下。只估摸峦庄是个镇吧，长得什么样，又有多么远，却一概不知。翻过一座大山，又翻过一座大山，后来就在沟岔里绕来绕去。夜真是瞎子一样地黑，看不见天，也看不见了山，车灯前只是白花花路，像布带子，在拉着我和车，心里就恐怖起来。走着走着，发现了半空中有了红点，先还是一点两点，再就是三点四点，末了又是一点两点。以为是星星，星星没有这红颜色呀，在一个山脚处才看到一户屋舍门上挂着灯笼，才明白那红点都是灯笼，一个灯笼一户人家，人家都分散在或高或低的山上。

又是一段路被冲垮了，车要屁股撅着下到河滩，又从河滩里憋着劲冲到路基上，就在路基边有两双鞋。停了车，下来在车灯光照下看那鞋，鞋是花鞋，一双旧的，一双新的。将那新鞋拿到车上了，突然想，这一定是水灾时哪个女孩被水冲走了，今日可能是女孩生日，父母特意做了一双新鞋又把一双旧鞋放在这里悼念的。立即又将那鞋放回原处，驱车急走，心就慌慌的，跳动不已。

半夜到了镇上，镇很小，只是个丁字街。街上没有路灯，人也少见，但一半的人家灯还亮着，灯光就从门里跌出来，从街口望过去，好像是铺着地毯，白地毯。镇上人你不招呼他了，他不理你，你一招呼他了，他就热情。在一户人家问能不能做顿饭吃，那个毛胡子汉子立即叫他老婆，他老婆已经睡了，起来就做饭。厨房里挂了六七吊腊肉，瓷罐里是豆豉，问吃不吃木耳，木耳当然要吃的，汉子就推门到后院，后院里架满了木棒，三个一支，五个一簇，木棒上全是木耳。但他并没有摘木棒上的木耳，却在篱笆桩上摘了一掬给我炒了吃。汉子说，峦庄是穷地方，只产木耳，他们就靠卖木耳过活的。这阵儿有鞭炮声，木耳先听见，它们听见了都不吱声，后来我听见了，说半夜里怎么放鞭炮，汉子说：给神还愿哩吧。

在镇的东头，有一个庙，不知道庙里供的什么神，鞭炮声就是从那儿传来的。而就在这户人家的斜对面，有一个窝进去的崖洞，洞里塑着三尊泥像，看过去，那里也有人在烧纸磕头。汉子说，那是三娘娘洞，镇上人家谁要求子，谁要禳病，谁的孩子要考学，木耳能不能卖出去，都在那里许愿，三娘娘灵得很，有求必应，所以白日夜里人不断的。

正吃着饭，街上却有人在哭，汉子的老婆就出去了，过了好久回来，说是西头的王老五在打老婆了。汉子说：该打！我问怎么是该打，汉子说王老五的老婆信基督，常把两岁的孩子放在地窖里就去给基督唱歌了，今日下午王老五才从县城打工回来，问是不是又去唱歌不做饭不管娃了，那老婆说，是为钱。王老五在苞谷柜里藏了五十元钱，回来再寻寻不着，问他老婆，他老婆说捐给教会了，王老五就把他老婆在街上撵着打。

峦庄镇上有两个旅社，一处住满了人，一处还有两间房子，但床铺太肮脏，我就决定返回。车又钻进了黑夜里，黑夜还是瞎子一样的黑，但一路上还是有这儿那儿、高高低低的光点，使我分不清那是山里人家门口的灯笼还是天上的星星。

CHAPTER 5

我在看这里的人间

为什么活着，怎样去活

大多数人并不知道，也不去理会

但日子就是这样有秩或无秩地过着

如草一样，逢春生绿，冬来变黄

龙柏树

　　龙是柏树，树长堰塘，塘在成都西的一个山坳里。我去看它的时候已经中午，大小晴不雨，汩汩的小船在长溪摇了一小时，人上岸，溪里的一群鸭子也上岸，竟一直游到塘边。

　　塘实在小，像一口游泳池，塘边的土峁上去就是人家，孤孤的一家，那个红袄绿裤的姑娘站在一堆柴火前望着我，红肥绿瘦般地鲜艳。龙树螺旋形地横卧在塘的上空，让人担心要倒塌下去，亏得这土峁，以及土峁上的孤屋和姑娘压住了树根。我想，龙是从这一家农户出来的，或是龙从天上来，幻变了农人在这里潜藏。

　　天气已在三月，树梢有了嫩叶，稀稀落落不易见，而由根至梢，凤尾蕨附生茂盛。尾随从溪岸而来的一个汉子，热情解说这凤尾蕨只能在岸畔长的，谁也弄不清怎么就长在树上，长得这般密。"这是龙衣，一年一换的。"四川的口音，第一声特别用力。"龙换衣不是冬季，而是盛夏！"龙之所以是龙，毕竟有它的神奇。

　　这棵树原是一对的，左右把持在塘上，塘面就被罩住，养鸭养鱼，放水灌溉坳里的几十亩稻田。那一年屋里的老头死了，夜里一棵树就"嘎啦啦"塌倒。将塌倒的树锯开来，颜色红得像血。剩下的这棵树，从此每到天要下雨，整个树就一团水雾，坳下边的农民一见到树一团雾气了，就知道天要下雨了。周围的农民吃水到塘里担，水清冽甘甜，最能泡茶，每年到土峁的孤屋里去看望那一位鹤首鸡皮的老太太，害怕老太太过世了，这一棵龙树也就要塌倒吗？老太太依然健在，爱说趣话，能咬蚕豆。

树长为龙形的，可能很多，我是到安徽见过龙柘树，在平地扭着往空中冲，那里出了陈胜、吴广；也到陕西灞河源头见过龙松树，沿一山坡逶迤几十米，那里李先念曾住过三年，后来李先念担任了三年国家主席。龙形的树都附着伟人的传说，这柏树却躲在山坳中，土峁上的人家都是农民，这龙该是布衣龙。

但龙就是龙，它是潜龙。

解说的汉子喋喋不休地解说龙柏树的奇妙，末了让我站在一个方位看树根部是不是像个牛头，又让我站在另一方位看树干上的疙瘩像不像个狗，又让我站……说像马像鸡。说毕了，他伸手向我讨解说费，他原来是要挣钱的，我付了他一张纸币，却批评他解说不好：大方处不拘小节，龙就是龙，哪里又有这么多鸡零狗碎的东西呢？龙潜是为了起飞，而不是被猪狗所欺啊？！

我爬上土峁去拜望那位老太太，红袄绿裤的姑娘却谢绝了，说："我奶午睡哩！"终未能见。

忙人——游青城山

　　本来是一座青山，偏要叫作青城，明明是在城里住厌烦了，到这里寻清静的，适心的，又不忘墙壁横竖的城。站在山口一看到丈人峰就喊：这真像大城门楼！一到古常道观就惊呼：城中之城，这是皇城嘛！再就是从各条路上到呼应亭，证明道路曲弯如天津。再就是寻四方峰峦论证环拱似西安城墙。旅完了，游尽了，果然体验到这是一座城，不同的则是青幽罢了。

　　当然，所有的人并不是为寻城而来，有的听说青城山好，就到青城山来；到了山里要爬坡就爬坡，那条婉蜒的山径上更人多如蚁。上去的腰都弓起，下去的肚皆挺凸，嘴一律张着，臭汗淋漓。径边的树木一片青绿，人肌发也为之青绿，恍惚间，满山的树也似乎是人，径上的人也是树了。上去的上到呼应亭，无路可走了，说"下山吧"，就下山。问游后的收获，回答是："好累哟。"

　　在一座八角飞翘的亭子里，有的游人坐了进去，惊讶亭子半倚了山半悬着空，看一阵栏下涌涌的飞云，喊几声，听听轰轰的回音，突然间，觉得"观景不如听景"，很无事可做，很无聊。这时候年纪幼小的报贩竟在山头叫卖，报虽是新报，但价钱极贵。买一张来，立即又被社论吸引，几个人为社论中的几个字的新提法而争论：这是什么意思，预示着什么动向，其新提法的背景是什么。于是振奋的振奋，疑惑的疑惑，忧郁的就闷闷不乐。

　　手持着大幅风光照的个体摄影户，肩扛着长竹花布的滑竿的

脚夫们，穿梭于每一个游客的面前，一边盯着游客腰带上的钱袋，一边要求拍照和坐游，其讨厌如苍蝇。回绝了一个，又来一个，差不多已经说过五十句"不"了，最后就发怒起来，骂一声"滚开！"

几乎是所有游人的秉性，走到一块怪样的石头前，就在石头上写字，走到一株奇异的树下，就在树身上刻字，连几页木板一张芦席搭成的厕所墙上也写了"××到此一游"。游人看游人的留言，看过了新的游人又写下新的留言，有的实在愤愤不平了，就在留言之前或之后再写上"狗屁不通"，又写上自己的名姓。

建福宫、天师洞、祖师殿、上清官门里门外，阶上阶下已经挤满了人，拍照的争抢镜头，烧香的轮换着到龛前。连道士也变乐乎了，磬得不停地敲，经还要不停地诵，会医道的被围住看病，善玄术的被纠缠相面，而茶房的道士就要一个桌一个桌地沏茶，续水，指头蘸着唾沫数钱票。

终于有一处安静，那是孤孤的一座无名峰，如笋一般地出现在卧云亭的右侧，沉沉静静，痴痴呆呆，这一块大石头或无知无性，或许正看着身上的一群忙乱的蚂蚁在爬行，是看呆了。

但这无名峰人可望而不可即，它不在径边，是一座险峰。

四月三十日游青城后山

　　那里峰峦错综，沟壑复杂，一早进去，愈进愈深，到了下午不知了出路。迷糊着转过竹坡，忽然看见了一座古寺，山面逼仄，一和尚在那里读书，旁边的木牌子写有"天亮开门，天黑关门"，顿时心生喜欢。

　　在寺里烧过香了，沿寺前的小路往右走，涉过小溪，前面就是一个深坳。坳里尽是高大的楠木，也有樟和漆，树干光洁，没有苔藓和藤蔓纠缠，像无数的柱子栽在那里。走进去，人全然都绿了，脚底没有声响，仰头看树，树都直端端往上长，看不到顶，高高的空中枝叶联合，如盖了青云，阳光就从青云间下来，一道一道的白。

　　林子的中间，有人在卖菜，一间草房，一张竹桌。或许是大半天没有游客到来，买菜人立在房前，数着落在竹桌上的七只鸟，又来了一只，是八只鸟。

　　我说：满山就这里的树木大呀！他说：这坳子深嘛。我说：

哪棵最高呢？他说：都争着太阳长的，差不多吧。

去搂了一棵树，羡慕着树安静地长在这里，太阳是树的宗教，才长得这么粗这么高。

在一棵树下，让一片光罩着，有细雨就下起来，雨并未湿衣，却身上脚下一层褐色的颗粒，捡起来，竟然是米粒大灼花蕾。卖菜人说：那是漆树落花。我就站住不动，让花雨淋着。

走了一趟崂山太清宫

即便没有太清宫，崂山也是道山。因为崂山只有两种颜色：乱起的白石和石缝里的绿木；白而虚，绿而静，正是"虚白道可集，静专神自归"的意思。

先有了道山，再有了太清宫；来太清宫修行的就非常多，有人，也有树，树比人多。

树在宫院里似乎都随便站着，仔细看看，又都有方位。那些特粗特高的，每个院落里都有：或单独挺立，挺立成一个建筑；或两个并排，树身隆着从上而下的条棱，如绷紧的肌肉；或五个六个集中了，一起往上长，却枝叶互不交错。这些树极其威严，碰着了只能仰视。而更多的树，是年轻的，也努力地向上长，他们的皮纹细致，如瓷的冰裂，还泛一种暗红色。可能是数量多的缘故吧，前边院子里有，后边院子里又有，感觉他们一直在走动，于你的注意中某一个就蓦然地站住了。有的树已经很大了，却周围有一圈小树，以为是新栽的，其实是自生的，大树枝叶扑拉下来，遮得看不到天空。而小树的叶子涂过蜡一般，闪着光亮，如是一堆眼睛，那是长者给幼者交代事情吗？这样的树只能远远看着，不好意思近去。当然也有或仄或卧的树了，他们多在墙角和塄沿，太阳照着，悄无声息地打盹。也有老树，树干开裂，如敞了怀，那黝黑的粗桩上新生了一层叶子，几乎没有风来，叶子也在反复，像是会心地无声地笑。每个院落的窗前就是那些小树了，枝叶鲜亮，态度温柔。而院墙之外，小路拐弯处，那些树就不严肃了，枝条拉扯，藤蔓纠结，蝉也在其中嘶鸣，只待着宫里的钟声一响，才安静下来。

六月十五日的上午，我走了一趟太清宫，走着走着，恍惚里我也走成了一棵树，是一棵小叶银杏。当时一只鸟就在我头顶上空叫，我怔了一下，并不知鸟在叫什么。

又上白云山

又上白云山，距前一次隔了二十五年。

那时是从延安到佳县的，坐大卡车，半天颠簸，土眯得没眉没眼，痔疮也犯了，知道什么是荒凉和无奈。这次从榆林去，一路经过方塌、王家砭，川道开阔，地势平坦，又不解了佳县有的是好地方，怎么县城就一定要向东，东到黄河岸边的石山上？到了县城，城貌虽有改观，但也只是多了几处高楼，楼面有了瓷贴，更觉得路基石砌得特高，街道越发逼仄，几乎所有的坎坎畔畔，没有树，却挤着屋舍，屋舍长短宽窄不等，随势赋形，却一律出门就爬磴道，窗外便是峡谷。喜的是以前城里很少见到有人骑自行车，现在竟然摩托很多，我在弯腰辨认峭壁上斑驳不清的刻字时，一骑手呼啸而过，惊得头上的草帽扶风而去，如飞碟一样在峡谷里长时间飘浮。到底还是不晓得县体育场修在哪儿，打起篮球或踢足球，一不小心会不会球就掉进黄河里去呢？县城建在这么陡峭的山顶上，古人或许是考虑了军事防务或许是为了悬天奇景，便把人的生活的舒适全然不顾及了。

其实，陕北，包括中国西部很多很多地方，原本就不那么适宜人的生存的。

遗憾的是中国人多，硬是在不宜于人生存的地方生存着，这就是宿命，如同岩石缝里长就的那些野荆。在贫瘠干渴的土地上种庄稼，因为必定薄收，只能广种，人也是，越是生存艰辛，越要繁衍后代。怎样的生存环境就有怎样的生存经验，岩石缝里的野荆根须如爪，质地坚硬，枝叶稀少，在风里发出金属般的颤响。而在佳县，看着那腰身已经佝偻，没牙的嘴嗫嚅不已，仍坐在窑洞前用刀子刮着洋芋皮的老妪，看着河畔上的汉子，枯瘦而孤寂，挥动着镢头挖地的背影，你就会为他们的处境而叹吁，又不能不为他们生命的坚韧而感动。

为什么活着，怎样去活，大多数人并不知道，也不去理会，但日子就是这样有秩或无秩地过着，如草一样，逢春生绿，冬来变黄。

确实在一直关注着陕北。曾倏忽间，好消息从黄土高原像风一样吹来：陕北富了，不是渐富，是暴富，因为那里开发了储存量巨大的油田和气田。于是，这些年来，关于陕北富人的故事很多。说他们已经没人在黄土窝里蹦着敲腰鼓了，也没人凿那些在土炕上拴娃娃的小石狮子和剪窗花，那虽然是艺术，但那是穷人的艺术。现在的他们，背着钱在西安大肆购房，有一次就买下整个单元或一整座楼，有亲朋好友联合着买断了某些药厂，经营了

只欠拈花数行诗

木石尚在乙酉年四月

平生有债都还遍

什么豪华酒店。他们口大气粗，出手阔绰，浓重的鼻音成了一种中国科威特人的标志。就在我来陕北前，朋友就特别提醒路上要注意安全，因为高速公路上拉油拉气的车多，他们从不让道，也不减速。果然是这样，一路上油气车十分疯狂，就发生了一起事故。在收费站的通道里，一辆小车紧随着一辆油车，可能是随得太紧，又按了几声喇叭，油车司机就不耐烦了，猛地把车往后一倒，小车的前盖立即就张开了来。

二十五年后再次来到陕北，沿途看了三个县城四个镇子，同行的朋友惊讶着陕北财富暴涨，却也抱怨着淳朴的世风已经逝去。我虽有同感，却也警惕着：是不是我们心中已有了各种情绪，这就像我们讨厌了某个导演，而在电影院里看到的就不再是别人拍的电影，而是自己的偏见？

这也就是我之所以急切地来陕北，决定最后一站到佳县的原因。

但是我没有想到在佳县，再也没有见到坡峁上或沟畔里有磕头机，也再没遇到拉油拉气的车，佳县依然是往昔的佳县。原来陕北一部分地下有石油和天然气，一部分地方，包括佳县，他们没有。除了方塌和王家砭那个川道今年雨水好，草木还旺盛外，在漫长的黄河西岸，山乱石残，沟壑干焦，你看不到多少庄稼，而是枣树。佳县的枣数百年来就有名，现在依然是枣，门前屋后、沟沟岔岔都是枣树，并没多少羊，错落的窑洞口有几只鸡，砭道上默默地走动着毛驴。

生存的艰辛，生命必然产生恐惧，而庙宇就是人类恐惧的产物，于是佳县就有了白云观。

白云观在白云山上，距城十里，同样在黄河边，同样结构的山巅，与佳县县城耸峙。是佳县县城先于白云观修建，还是修建县城的时候同时修建了白云观，我没有查阅资料，不敢妄说，但我相信白云观是一直在保护和安慰着佳县县城，佳县县城之所以一直没有搬迁，恐怕也缘于白云观。

上一次来白云观，在佳县县城的一家饭馆里喝了两碗豆钱稀饭，饭稀得照着我满是胡茬的脸，漂着的几片豆钱，也就是在黄豆还嫩的时候压扁了的那种，嚼起来倒是很香。那时所有的路还是土路，我徒步沿黄河滩往下走，滩上就是大片的枣树，枣树碗粗盆粗的，是我从未见过。透过枣树，黄河就在不远处咆哮，声如滚雷。我曾经到过禹门口下的黄河，那里厚云积岸，大水走泥，而这处在秦晋大峡谷中的黄河，你只觉得它性情暴戾，河水翻卷的是滚沸的铜汁。行走了一半，一群毛驴走来，毛驴没人鞭赶，却列队齐整，全是背上有木架，木架上缚着两块凿得方正的石块。后来才知道这是往白云山上运送修葺庙宇的石料了。佳县的山水原本是人性情刚硬，使强用狠，但佳县人敬畏神明，怀柔化软，连毛驴也成了信徒，规矩地被无人鞭赶往山上运石。我当下感慨不已。我们就跟着毛驴走，走过一个时辰，忽峡风骤起，草木皆伏，却见天上白云纷乱，一起往山头聚集，聚集成偌大的一堆白棉花状，便再不动弹。在佳县县城就听说白云山上有非常之景色和非常之灵异，而峡谷风起，山开白云，确实使我叹为观止。沿途右面都是悬崖峭壁，藤蔓倒挂，危石历历，但到一处，山弯环拱左右，而正中突出一崖，就在那孤峻如削的崖头上垂下一条磴道，我初以为那是流水渠或从黄河里往山上抽水的水泥管道，而毛驴们一字儿排着从磴道上爬了上去，我才知道白云山到了，这条磴道就是白云观的神路。

天下好山上多有庙宇，而道教从来最神秘玄妙。中国传统文化里，比如中医、风水、占卜，其确实有精华灿烂，却也包裹了许多夸大其词故弄玄虚的东西，道家更不例外，往往山门分别，华山上的崆峒山上的观前磴道就已经十分险峻，但全然没这条神路窄而陡。入观先登神路，是神爱走奇特之道，还是拜神需极力攀登，这让我想到佳县县城的建筑正是受了道教的启迪吧。

这次重上神路，神路上还有十多人，以衣着和气质而看，有官员有商人有农夫和船工，都拿着香烛纸裱，他们都是要去观里祈祷升官发财保重身家。这天并没有云雾，神路的台阶干净明显，但上到一半，只觉路在移动，人也头晕目眩起来。终于上到神路顶的石碑坊下坐歇，正如碑文上所写：足下青石铺地，头上白云连天，红日出没异常，黄河奔流不息，四望之，而秦峦晋峰为禅者坐蒲团，虽万千年而不重位也。一块走上神路的官员，那位眉宇间透着一股精明气的中年人，他异常兴奋，冲着我说：这神路应该叫青云！我回应着他：好！我知道他在抒发着青云直上的得意，但他继续往头天门爬去，我却觉得叫青云德路为好。

山脊仍然在凸着，白云观的建筑开始递进而上，头天门，二天门，三天门，四天门，天门重重开户，倒疑惑怎么没建九天门呢，九天门多好，九重天，上到山顶，任何人都可以做神仙了。记得上次来时，正逢庙会，秦晋蒙宁香客云集，满山人群塞道，诸庙香火腾空，我第一次听说佳县的旅游局、文物局就都设在观里，每年观里的收入竟占了全县财政收入的一半。这话当不当真，我未落实，但站在石阶上乞讨的人很多，虽上山的人每次只掏出二分五分的零钱，我询问一个乞者一天能收入多少，回答竟然是三十元，在当时真是个惊人的数目。这次上山，并不逢庙会，香客仍然不少，各天门前的石级上时不时人多得裹足不前。石级外就是松树，树下花草灿然，有人从石级上挤了下去，凑近那些花朵闻闻，不敢动手，因为几十米就有一个牌子，上书：花木睡觉，且勿打扰。有趣是有趣，可大白天里花木睡什么觉呀。民间有传说：今生长得漂亮，前世给神灵献过花。而这些花木沿道两旁开放，那也是为神灵而灿烂，怎么是睡觉了呢？

大概数了一下，白云观有庙宇五十余座，各类建筑近百处，这与上次来时恢复了不少，且又大多重新修葺。纵目看去，景随山转，山赋庙形；跟着香客穿庙群之中，回环萦绕，关圣庙，东岳殿，五祖，七真，药王，痘神，玉皇阁，真武殿，三宫，马王，河神，山神，五龙宫，真人洞，各路神灵，各得其位。到处有石碑，驻足咏读，差不多见历代历朝、世世代代翻修维护的记载。神灵是人类创造出来的，神灵又产生了无比的奇异，人便一辈一辈敬奉和供养，给了人生生不息的隐忍和坚强。

庙堂里神威赫赫，凡进去的人都敛声静气，焚香磕头，我当然在叩拜之列，敬畏地看着那些石雕泥胎。佛教道教是崇拜偶像的，这些石头泥巴一旦塑成神像它就有了其魂其灵，也就是神气，这如同官做久了，身上就有了威一样。白云观自明朱翊钧皇帝亲赐《道藏》四千七百二十六卷，毛泽东主席又两次登临后，声名大振，观里神奇的故事就广为流布。在陕北，我们常常惊叹那些窑洞不但宜于人的居住，其一面山放眼而去，尽是排排层层的窑洞，震撼力绝不亚于一片楼群的水泥森林。人的饮食、居住、语言、服饰都是与生存的自然环境有关，陕北的窑洞其实也是没有木头所致的创造，但白云观如此浩大的建筑群，这些木头又是从哪儿来的呢？观里的道士提起这事就津津乐道，说当年玉凤真人到此，露坐石上，寒暑不侵，每夜山头放光，士人便想筑建坛宇，偏就这一夜黄河里有大木漂浮而至。这样的传说在别的地方也有，河西的嘉峪关城堞修建时，便也是一夜风刮砖至，待修好城堞，而仅仅剩下一页砖。面对着众多殿宇，我无法弄清最早的建筑是哪一座，而这建筑数百年复修，原来的木头还剩下几根？我遗憾在藏经阁里没有看见西南梁栋上的灵芝，那可是佳县人宣传白云观最有名的故事，说是《道藏》存入藏经阁后，有州牧卢君登阁眺望，忽见西南梁栋上挺生灵芝九茎，五色鲜明，光艳夺目。想起甘肃的崆峒山上有悬天洞，历史上凡是有大贵人去，洞里必有水出，据说有一年肖华将军去了山上，和尚道士都

跑到洞下看出水的奇观，结果滴水未见。我笑着说：九茎灵芝或
许大贵人能见，我不能见，或许有慧根的人能见，我不能见。自
嘲着出了阁，去那真人一指顾间顿令清泉涌出而今称神水池舀水
喝，果然是水与石槽相齐，多取之不见少，寡取亦未尝溢出。离
开神水池，我便去真武大殿焚香，又抽了一签。白云观的签灵
验，早已是天下皆知，最有名的例子就是毛泽东主席在一九四七
年农历九月九日抽出一签，结果不久就离开陕北去西柏坡，又不
久进京，中国的历史从此翻开了新的一页。开心的是，我把签抽
出，道士问：哪一签？我说：四十三签。道士愣了一下，喜欢叫
道：日出扶桑，和毛主席抽同一个签。签每日被无数人抽过，和
毛主席抽的同一个签的人肯定多多，但这一签对于我毕竟是一个
庆祝。出了大殿，装好签谱，想今日的陕北，要穷就穷得要命，
要富却富得流油，穷人和富人都来这里焚香敬神，于是神灵就以
此大而化之，平衡谐和。富人有的是钱，听说早些年里，内蒙古
和宁夏的香客骑马而来，朝拜之后，钱袋捐空，马匹留下，只
身返回，而今更有吴旗、志丹、府谷、神木一带的贩油暴富的
人，或者山西太原一带的煤大王，动辄来这里捐献巨资，或修一
座桥，立一个石碑楼。他们有的是钱，但他们需要平安，需要好
好的身体和快乐。这就像害胃病的人来求医，医生完全可以一次
看好他，却看了多年，花去了许多钱，医生说：他很有钱，需要
个胃病，而我一直在帮助他。那些贫穷苦愁的人来这里，他们的
人生积累了太多的痛苦，需要带着明日的希望来生活，烧一炷高

香，抽一个好签，其生命的干瘪的种子就又发芽了。一直在殿前院子里帮香客点燃香烛的那个老头，衣衫破旧，形容枯槁，但总是笑笑的，一脸天真。他见我出来，恭喜我抽了好签，说：你要信哩！我们就交谈起来，他说他是佳县城北山沟里的人，五年前害病了，病得很重，又没钱去看医生，家里把棺材都做好了。就这么等着死的时候，有人建议他来观里敬神，他就来了，以后每隔一天来一趟，结果有了起色，越来越好，现在病竟然没了，他便还来，帮着香客点燃香烛，清洁观里的垃圾。我没有问他到底患了什么病，也没有揭穿有些病只要把思想从病上转移，心系一处抱着希望，又不停地上山活动，时间一长病也就消除了，但我说：要信哩，人活在世上一定要信点什么的。

天色向晚，我是得离开白云观了，离开前登上了魁星阁。魁星阁在山之巅，可以拍摄山的俯瞰图，却遗憾这次来未能目睹云漫庙宇的景观。但是，连我也没想到，就在出了魁星阁，山巅之后的空中竟有一片云飘来，先是带状，后成方形，中间空虚，而同时在整个山脊两侧的沟壑里也有薄雾如潮涨起，花木牌楼顿时缥缈，数分钟后，山头上空聚起一堆白云，白得清洁而炫目。

我永远记住了，白云是白云山的一个开花。

在二郎镇

二郎镇在赤水河的这边，习酒镇在赤水河的那边，都是盆地的一半，外边有岩，河壁赭红，都是斜坡而上，像是剖开的一个苹果，风水上称作大阴的地方。大阴为众妙之门，坤厚载物，品为咸亨，只可惜河这边是四川，河那边是贵州，据说习酒镇的习酒已被茅台收购，二郎镇的郎酒就只能占半壁江山，但这已经是很够了。

我是二〇一〇年的十月去的二郎镇，因为喝过很多郎酒，想看看它的出处。如果说赤水是上天设计的一条美酒河，那泸州、宜宾、古蔺、仁怀、遵义这个三角地带就该是中国人的酒窖了。可我绝没有想到二郎镇就在大山深处，从成都坐车过去竟然要八个小时，倒像是去朝圣一般。

那天是从二郎滩上岸到镇上的，其实有什么滩呢，山下就是河，河上就是山，多亏了一座桥，没桥的时候船可能便要系在镇街口的柳树上。进镇当然得先走老街，想不到的是这里竟是当年红军二渡四渡赤水住过的地方。街是一条一条石板铺成的台阶往山上去，像是搭了梯子要登天，房屋也就沿着街路随形而筑，或高或低，忽正忽侧，铺散开来。石条走着走着便没有了，正迷糊，一转过墙角，路又出现了，还分岔道往各处。这些房屋已经不再住人，挂牌标明着某一家曾经是红军指挥所，某一家是医院，用酒给伤员消毒。二郎镇还有这么红色的历史，这些房子成了文物，如果再过五年，也许二三十年，这个镇子作为郎酒生产地，会不会又成为中国白酒的文物呢？

四川的天总是阴的，街路爬到三分之一，又下起了雨。那算什么雨呢，雨在半空里就燃烧了一样，成为雾和粉。我低头数着脚下的石板，石板上竟然是一种云的纹线，看每一块石板，都是云纹，一时倒感觉我站在了云上，有点晃晃悠悠。太喜欢这种地势局面，就瞧着雨里一树什么花开了，花下还卧着一只小狗，但它始终不叫，招之也不来。

登上老街的最高处，新镇街就在眼前了，像突然进了宝藏地，光华一片，那蓝瓦白墙的楼房密匝匝拥簇在一大片洼地里，成排成队的车间从河岸畔上一直到了远处的岩下，盘旋的路面在其中时隐时现。古旧的老街和现代化的厂区反差巨大而共存一体，使我感慨万千。才坐在一家门口的石头上歇脚，猛地便闻到了一股酒香，朝那家门里看那个老头在喝酒吗，老头并没有喝酒呀，才醒悟二郎镇的空气里原本就是一股酒味。和老头闲扯起来，知道二郎镇上各家各户都有人在郎酒厂上班，他两个儿子一个在酿造车间，一个在包装中心，还有一个女儿却在北京工作。

他说：你是北京来的吗？我说我不是北京的。他就说他女儿接他在北京住了一个月，刚回来不久。我说：那怎么不多待些日子呢？北京多好啊！他说：北京好是好，就是太偏远了！我哈哈大笑，老头并不明白我在笑什么，问我喝酒呀不，便进屋提了酒壶出来。别的地方招呼人喝水，二郎镇的人招呼人就是喝酒。我说我不喝了，吸吸这里的空气都醉了，就皱着鼻子使劲闻，旁边的猫，还有三只鸡都站着不动，张了嘴，好像在吸气。那棵树，枝叶亮晶晶的，无风而浮动，也全然是一副微醉的样子。

在二郎镇的几天里，我一直在想，中国人太能酿造酒了，就以我故乡来说，几乎家家每年都要做酒，有高粱酒、米酒、苞谷酒、甘蔗酒、红薯酒，可为什么二郎镇的白酒就这么有名，年销值竟超过了五十亿元，还计划着二○一二年实现一百亿元的目标。水好当然是第一要素，那么，还有什么呢？在与酒厂的工程师们座谈的时候，他们讲了一个有趣的现象。他们曾经想在交通方便的地方也建厂酿酒，可新厂建成后，无论怎么努力，产的酒就不如在这里产的口味好。经过严格的科学考评，得出的结论是，这里地处亚热带，气候温湿，水量充沛，常年温差、昼夜温差小，而日照时间又长，这样就特别适合空气中的微生物和古窖池群中微生物共同构成立体的微生物群落。对于这样的考证，我是相信的，一方水土养一方人和物的，在我的家乡十里风俗不同，五里腔调就变，川道里的米特别有味，山地里的苞谷就是吃着香。二郎镇应该是酿酒宝地，除了得天独厚的地理环境，它也有其更为特别的酿造工艺。这不是工程师讲的，而是街上一个杂货店的老板告诉我，他们镇上酿酒的历史可久了，从汉代的"枸酱酒"，宋朝的"凤曲法酒"，"集义糟房"的"回沙郎酒"，到今天的"红花郎""青花郎"，从来都强调天人合一，阴阳调和，讲究端午踩曲，重阳下沙，发酵时要前缓、中挺、后缓落，整整一年的生产周期里，得九次蒸煮、八次加曲、八次堆积糖化、八次入池发酵、七次取酒、三年贮存呀。一个商店老板讲得如此头头是道，我笑着说：你真会宣传！他说：这哪是宣传，二郎镇的人谁不知道呀？！

郎酒的酿造，酿造出了哲学，工序又是如此复杂，可惜我不能在二郎镇待得太久，去看他们具体的操作，我能去看的就只有去赤水河看水和去天宝洞看储藏了。

赤水河其实并不大，只是峡谷深，水清洌。在那个古盐道渡口，我看到了最奇怪的岸脚巉岩。那些岩石没一块是平整的，坑坑洼洼，峥峥楞楞，又全是白色，正如一位诗人所说，白是盐的颜色，白是水中燃起的火焰瞬间凝固，是一种死掉的光芒。我是坐了小船划向对岸，摇摇晃晃，摇摇晃晃，不忍心把手里的树叶遗在河中，也不敢用手去掬，怕手脏了那水，就是这水酿了中国最美的白酒呀，这就是酒呀！一时却想，看那如火焰凝固的巉岩，才明白酒为什么是水又是火哩。登上对岸，山坡上有一块石碑，记载着这个渡口的历史。原来这里是古川盐入黔的要道之一，自贡的井盐船经泸州顺流下至合江，再从合江经赤水逆流到

了这里，背夫要将货物背到马桑坪上船运到茅台。那时的二郎镇
盐号三十家，每日背盐过山的背夫不下两千人。正是盐业运输，
促进了当地酒业发展，赤水河的酒才流通到了各地。看着挂在半
山腰的崎岖小路，那是盐道啊也是酒道。盐是人生命中不可或缺
的东西，而酒呢，不论郎酒或茅台，都是这赤水河酿的，中国人
谁没喝过呢？

　　看天宝洞的那天，雨是不下了，天依然阴着，远远望着那蜿
蜒岩甚是惊讶，整个山体分明就是一座座酒坊嘛，走进去，天
宝洞就在岩下，洞外青树集匝，绿草繁密，风怀其中，鸟鸣不
绝。洞口上天然形成一个龙头，龙身的脊纹竟一直布满在洞顶壁
上。天下的酒能储藏在这么大的溶洞里闻所未闻，而这溶洞又如
此奇特令人叹为观止。洞内储土制陶坛万余口，基酒数万吨，排
列整齐，阵势宏伟。以溶洞储酒，为的是方便和省却库房建设
吗？引导我的人说你看看洞壁吧。洞里光线灰暗，拿着手电筒照
了，洞壁的四周全是厚厚的一层盐，再看看所有的酒坛上，也都
是毛茸茸的。引导人告诉说，这就是酒苔，只有在溶洞里才有这
样的酒苔，正是这些酒苔之菌生生不息，和储存的酒形成完整的
生物链，才使郎酒的醇化、生香有了神奇的指数，成为白酒中的
酱香典范。这简直是神话一般的美妙啊，不管天宝洞是不是偶然
发现，在洞里储酒是不是意想不到的效果，而二郎镇偏就有此溶
洞，在洞里储酒偏就有了区别于它酒的醇化、生香指数，一切都
在说明着郎酒的神气，郎酒是神酒。

　　没来二郎镇，总觉得郎酒是美酒却名字起得怪怪的，来了二郎镇，才知道以地名而起，正如茅台镇产的叫茅台一样，是多么诚实和朴素。大凡好的东西都是素面朝天直达品格的吧，茅台和郎酒它们就是以偏僻之地、朴素之名而成为国酒。中国在世界上曾被称为瓷国、丝绸国、茶国，其实更应称之为白酒国，那么，白酒金三角区是中国白酒的精华所在，而二郎镇将和茅台镇一样应该是天下名镇了，当我离开二郎镇的那个早晨，立在赤水河的桥上回头再看着镇子，又想起了那个老头的话，是的，老头的话说得好啊，站在这里，北京是偏远的，上海是偏远的，所有的地方都是偏远的。

灵山寺

　　我是坐在灵山寺的银杏树下，仰望着寺后的凤岭，想起了你。自从认识了你，又听捏骨师说你身上有九块凤骨，我一见到凤这个字就敏感。凤当然是虚幻的动物，人的身上怎么能有着凤骨呢？但我却觉得捏骨师说得好，花红天染，萤光自照，你的高傲引动着众多的追逐，你的冷艳却又使一切邪念止步，你应该是凤的托变。寺是小寺，寺后的岭也是小岭，而岭形绝对是一只飞来的凤，那长翅正在欲收未收之时，尤其凤头突出地直指着大雄宝殿的檐角，一丛枫燃得像一团焰。我刚才在寺里转遍了每一座殿堂，脚起脚落都带了空洞的回响，有一股细风，是从那个小偏门洞溜进来的，它吹拂了香案上的烟缕，烟缕就活活地动：弯着到了那一棵丁香树下，纠缠在丁香枝条上了。你叫系风，我还笑过怎么起这么个名呢，风会系得住吗？但那时烟楼让风显形，给我看到了。也就踏了石板地，从那偏门洞出去，你知道我发现什么了，门外有一个很大的水池，水清得几近墨色，原本平静如镜，但池底下有拳大的喷泉，池面上泛着涟漪，像始终浮着的一

朵大的莲花。我太兴奋呀，称这是醴泉，因为凤是非练实不食非醴泉不饮的，如果凤岭是飞来的凤，一定为这醴泉来的。我就趴在池边，盛满了一陶瓶，发愿要带回给你的。

小心翼翼地提着水瓶坐到银杏树下，一直蹲在那一块小菜圃里拔草的尼姑开始看我，说："你要带回去烹茶吗？"

"不，"我说，"我要送给一个人。"

"路途远吗？"

"路途很远。"她站起来了，长得多么干净的尼姑，阳光下却对我瘪了一下嘴，"就用这么个瓶？"

"这是只陶瓶。"

"半老了。"

我哦了一声，脸似乎有些烧。陶瓶是我在县城买的，它确实是丑陋了点，也正是丑陋的缘故，它在商店的货橱上长久地无人理会，上面积落了厚厚的灰尘，我买它却图的是人间的奇丑，旷世的孤独。任何的器皿一制造出来就有了自己的灵魂和命运，陶瓶是活该要遇见我，也活该要来盛装醴泉的。尼姑的话分明是猜到了水是要送一位美丽的女子的，而她嘲笑陶瓶也正是嘲笑着我。我是半老了吗？我的确已半老了。半老之人还惦记着一位女子，千里迢迢为其送水，是一种浪漫呢还是一种荒唐？

但我立即觉得"半老"二字的好处，它可以做我以后的别名罢了。

我再一次望着寺后的凤岭，岭上空就悠然有着一朵云，那云像是挂在那里，不停地变化着形态，有些如你或立或坐的身影。来灵山寺的时候，经过了洛河，《洛神赋》的诗句便涌上心头，一时便想：甄妃是像你那么个模样吗？现在又想起了你，你是否也是想到了我而以云来昭示呢？如果真是这样，我将水带回去，你会高兴吗？

我这么想着，心里就生了怯意，你知道我是很卑怯的，有多少人在歌颂你，送你奇珍异宝，你都是淡漠地一笑，咱们在一起吃饭，你吃得那么少，而我见什么都吃，你说过什么都能吃的人一定是平庸之辈，当一个平庸的人给你送去了水，你能相信这是凤岭下的醴泉吗？"怎么，是给我带的吗？"你或许这么说，笑纳了，却将水倒进盆里，把陶瓶退还了我。

我用陶瓶盛水，当然想的是把陶瓶一并送你，你不肯将陶瓶留下，我是多么伤感。银杏树下，我茫然地站着，太阳将树荫从我的右肩移过了左肩，我自己觉得我颓废的样子有些可怜。

我就是这样情绪复杂着走出了灵山寺，但手里依然提着陶瓶，陶瓶里是随瓶形而圆的醴泉。

寺外的慢坡下去有一条小河，河面上石桥拱得很高，上去下来都有台阶。我是准备着过了桥去那边的乡间小集市找饭馆，才过了桥，一家饭馆里轰出来了一男一女两个乞丐。乞丐的年纪已经大了，蓬头垢面地站在那里，先是无奈地咧咧嘴，然后男的却一下子把女的背了起来，从桥的这边上去，从桥的那边下来，自转了一下，又从那边上去，从这边下来，被背着的女的就咯咯地笑，她笑得有些傻，饭馆门口就出来许多人看着，看着也笑了。

"这乞丐疯了！"有人在说。

"我们没疯！"男乞丐听见了，立即反驳，"今日是我老婆生日哩！"

"是我的生日，"女乞丐也郑重地说，"他要给我过生日的！"

我一下子震在了那里，人间还有这样的一对乞丐啊，欢乐并不拒绝着贫贱！我羡慕着他们的俗气，羡慕着俗气中的融融情意，在那一刻里，请你原谅我，我是突然决定了把这一陶瓶的醴泉送给了他们。

但他们没有接受。

"能给一碗饭吗？"

"这可是醴泉！"

"明明是水嘛，水不是用河用井装着吗？"

这话让我明白了，他们原是不配享用醴泉的。

我提着水瓶尴尬地站在太阳底下，趔脚向小集市上走，奇迹就在这时发生了，我无意地拐过一个墙角，那里堆放了一大堆根雕，卖主因无人过问，斜躺在那里开始打盹了。根雕里什么飞禽走兽的造型都有，竟然有了一只惟妙惟肖的凤，它没有任何雕琢痕迹，完全是一块古松，松的纹路将凤的骨骼和羽毛表现得十分传神。我立即将它买下。我是为你而买的，我兴奋得有些晕眩，为什么这个时候又让我获得这只凤呢，是天之赐予，还是我真有这缘分？我说，我是没有梧桐树的，但我现在有了醴泉，我有醴泉啊，饮醴泉你会更高洁的。

我明日就赶回去，你等着一个送醴泉的人吧，我已做好心理准备，如果你肯连陶瓶一并接受，那将是我的幸福，如果你接受了醴泉退还了陶瓶，我并不会沮丧，盛过了醴泉的陶瓶不再寂寞而变得从此高古，它将永远悬挂在我的书房，蓄满的是对你的爱恋和对那一对乞丐的记忆，以及发生在灵山寺的一系列故事。

丽江古城

　　我最喜欢的是丽江古城里的水，在西北生活得久了，知道什么为渴望，第一回到昆山的周庄，见到流水穿街过巷，入院过墙，兴奋得大呼小叫，但周庄的水毕竟太软太柔，有一股鱼虾的腥味。丽江古城的水就不一样了，它是玉龙山上下来的雪水，经双石大桥一分而三进城的，清泠有声，洁净无泥。桥有千座，石拱的、石条的、木板的，孔也是单孔、双孔和多孔，才驻脚在最古老的栗木板桥头，说那栗木质如石料，那重柳苍枝如龙蟠，便瞧见河边的浅水里活动着一只小瑞兽，忙趋身近去，是一面石板上有着瑞兽的浮雕。浮雕绝对是明清时期的物件，我移动不起，便感叹这么好的东西竟丢弃在这里！遂捧水洗脸，趁机咽下了一口，没想就爆响了一片笑声。

　　笑声在河对岸的木楼上，揭窗高撑，站在窗口的是与我同来丽江古城的王先生和张女士，我们是在四方街走散了的。我先是在一个卖铜器的摊前翻那些铜件，拿了这件又丢不下那件，商贩就把一颗烟递过来和我说话，他说四方街可是古城的心脏，有四条主要街道通向四面八方，每条主要街道在城内又有数十条街巷向四周延伸。我说若没有方的城墙，那这里该是个平放的车轮轴心了。商贩说：丽江古城从来没城墙。这我就愣了，天下还真有城没城墙的？商贩问我从哪儿来，我说是西安，他说：噢，难怪了，你不晓得纳西族的历史。原来隋末唐初，纳西族人就居住在了这里，明洪武十六年这里的土司越过千山万水朝觐了朱元璋，朱元璋给土司起了汉姓木，意思是朱下面为木，让其坐上第一任世袭的丽江军民总管府的宝座。木府土司从那时起就建设城市，但偏不修城墙，认作木字四周有墙便是困字，怕影响木家的兴旺发展。故事说得颇为有趣，商贩越发地得意，又介绍说早先这里是土坪场，后来用五花石铺成了一个府印之状的广场，又在广场沿河一边修了水闸，每日日落散市后，关闸漫水，西河水自然通过广场和七一街、五一街流向中河，就将广场和街道冲洗得干干净净了。城市有这么个清洁法，真使我如听神话，仰头看看日头，日头看到当顶，指望着目睹关闸漫水的场面是不可能了，这才想起一块儿游四方街的王先生和张女士，但这里摊贩云集，人头攒拥，哪里寻得着他们的身影？现在不期然而然竟又遇着，张女士尖声打趣我：不见你了，还以为你尾随了哪一位纳西姑娘去人家吃茶了！我说你怎么知道的，我真的尾随了一位姑娘直走到卖鸭桥头，她进了一家店里吃鸡豆凉粉，她拿眼窝我，我便离开了，但我并不是要对她非礼，我是欣赏她的披肩哩！纳西族妇女的服饰是非常美丽的，差不多宽腰大袖，前幅短后幅长及胫的镶边裙儿，外加紫色或青色的坎肩，下着长裤，腰系多折，绣有蜂蝶图形，而围圈上则用金线和彩丝绣了图案，称作"披星戴月"。"披星戴月"这四个字汉族人是形容辛劳的，纳西族人却使它产生了诗意。南方的妇女比北方的妇女要劳苦，纳西族妇女更是如此，除了家务仍要务农经商，什么都靠肩背，昨天下午在进城的路上我是看见过一个七十多岁的老太太，腰已经弯得厉害，却仍是背着一个大背篓，背篓里高高装着杂物，背篓的宽背带斜系在肩上，因为太重，一只手紧紧抓着背带，但她的脚步很稳。今天早晨，我起得早，在宾馆后的小坡上散步，更是有一群妇女往坡上背石头，可能是坡上正修建什么，她们是将大块的石头放在背上，用绳搂着一直到脖前，坡道在转弯时路面太陡，架了木板，木板上横着钉了木条，她们就踩着木条吭哧吭哧往上走，那腰系的多折随之摆动，其上的蜂蝶图案如活了一般。我说完了我的见闻，张女士说："你到楼上再看看吧，更有叫你稀罕的事哩！"拉着我就上了楼。

楼是木楼，明代的物事，那楼梯的扶手，二楼的护栏，以及所有的门和窗，都有着十分精致的雕花。在安徽和山西，有至今保存得完整的明清村落，依然雕梁画栋，但汉族民居的雕刻多是历史人物故事图，而纳西族信奉万物有灵，崇拜多神，他们雕刻的几乎全是飞禽走兽花鸟草木。站在楼道上往远处一看，全城尽在眼下，你看到的没街没巷，屋的檐角翘起的瓦顶皆密密麻

麻浮着，如黄河开冻后涌下的浮冰。而看楼旁的几处院落，认得
哪一所是三坊一照壁，哪一所是四房五天井，哪一所又是一进两
院，什么是妹楼、明楼，什么又是走马转角楼。进了楼上一间房
中，原来是木雕工艺店同时也是作坊，四壁挂满了各种变形人兽
雕件，一老者戴着老花镜正刻一只青蛙圆盘，他刻得真好，先是
在木圆盘上涂上了一层墨，然后并不画草稿，刀就在上面来回走
动，刻剔出的是白，留下来的是黑，外一圈是狼狐虎豹头，中间
是一个人面蛙身神，拙朴生动。我连声叫好，掏钱把蛙盘买下
了，张女士说让女儿在盘背面留下名姓吧，我有些迟疑，以为这
是张女士在戏弄我了，可她却把我推进里边的套间里，套间里果
然坐着一位极漂亮的姑娘，姑娘正在灯下抄写什么。近前看了，
不觉大惊，她用的是方杆竹笔，写的是象形文字。来丽江古城，
是受纳西人的象形文字而诱惑的，虽在街上看到了每家店牌的汉
字下写有象形文，但毕竟还未目睹更多的象形文字，而且是现场
书写。老实讲，这些象形文字我大略能看出每一个象形要代表的
意思，但一个字一个字连起来就如对了天书，更不知其读音。姑
娘告诉我，她这是抄写东巴教经文的。东巴教是纳西人的一种古
老宗教，其图画象形的文字是当今世界上唯一保留完整的活着的
象形文字，东巴文写成的东巴经有两千余册一千多种，内容涉及
宗教、历史、语言、文学、天文、地理、哲学、医学、神话、艺
术等，堪称纳西古代的百科全书。我们赞叹着她这么年轻竟会东
巴文，她羞涩地说她也是才学的，如果晚上去看古乐会表演，东

巴教祭司东巴，也就是神父身份的老者会在场，老东巴才是集巫、医、学、艺、匠于一身的。我们忙打问了晚上古乐会在哪儿表演，几时开演，并要求姑娘在蛙盘上签名留念，姑娘提笔写了，我只认得了一九九九年，月日，因为一是画了一个逗号，九是画了九个逗号，月是画了个半月，日是画了个太阳。

晚上，我们寻着了古乐会演出地，想不到的是全城竟有数家古乐会同时演出，先去了一家是乐舞并举，场面极其华丽和神秘，演奏的是以道家的洞经古乐《玉清无极总真文昌大洞仙经》和儒家典礼音乐为载体保存了部分唐宋元明的词曲牌音乐和纳西先民的"巴石什礼"音乐，这些曲牌在内地早已失传，却奇迹般地保留在丽江，并世代相传！音乐奏毕，主持人宣布老东巴领衔表演东巴舞，但见演奏者中的那个有着雪白胡须的老人走了出来，说了一通东巴语，随之表演起了蛙舞，身手敏捷，而且表情万般丰富。可惜观看的游客太多，演出厅里连过道都挤满了人，我们不可能去台上和老东巴见面。待一场演出完毕，我们来到了街上，兴趣并未退去，急忙忙又往另一演出点跑，遗憾的是那里的演出刚刚结束，乐队已经离开了，但我们有幸被允许进去看看演出厅。这个演出厅是一座有着七八根朱红木柱的大房子，摆满了一排一排木椅，而地上则铺着厚厚的柏朵，演出台宽敞而略高，各种隔栏和木架，摆放着乐器和奇奇怪怪的人神面具，台墙上绘有图腾壁画，供奉了什么神位，有木雕的也有泥塑的。厅内灯已经关闭得只留下四角各一盏，乐器和神像发着幽光，驻脚留意进厅处的木板墙上的一溜镜框，里面是多位古乐会的老乐师，他们都穿着刺绣着龙凤和团花的长袍，又都是白胡飘胸，手执着二胡、板胡、琵琶、三弦，神态庄严，高深古雅。我们虽然未聆听到这些老者的演奏，但面对着皆是八十岁以上的古乐演奏的活化石们的照片，感觉到在天上，在大厅里，在我们心里旋律骤起，进入了一个崇高、空灵而远古的梦境之中。

丽江离西安的距离实在是太远了，但在丽江的两夜一日中我总恍惚——并未离开西安，或者我就在西安。造物主造就了这个地球和人类，哪儿都有好山好水，有好山好水的地方就有人类，有人类就有着智慧，这便是丽江古城给我的启示。现在丽江古城被联合国批准为世界文化遗产，受到了保护，我将把这两夜一日今生今世保存在心里。

通渭人家

通渭是甘肃的一个县。我去的时候正是五月，途经关中平原，到处是麦浪滚滚，成批成批的麦客蝗虫一般从东往西撵场子，他们背着铺盖，拿着镰刀，拥聚在车站、镇街的屋檐下和地头，与雇主谈条件，讲价钱，争吵，咒骂，甚或就大打出手。环境的污杂，交通的混乱，让人急迫而烦躁，却也感到收获的紧张和兴奋。一进入陇东高原，渐渐就清寂了，尤其过了会宁，车沿着苦丁河在千万个峁塬沟岭间弯来拐去，路上没有麦客，田里也没有麦子，甚至连一点绿的颜色都没有，看来，这个地区又是一个大旱年，颗粒无收了。太阳还是红堂堂地照着，风也像刚从火炉里喷出来，透过年窗玻璃，满世界里摇曳的是丝丝缕缕的白雾，搞不清是太阳下注的光线，还是从地上蒸腾的气焰，一切都变形了，开始是山，是路，是路边卷了叶子的树，再后是蹴在路边崖塄上发痴的人和人正看着不远处铁道上疾驶而过的火车。火车一吼长笛，然后是轰然的哐哐声。司机说：你听你听，火车都在说，甘肃——穷，穷，穷，穷……

我就是这样到了通渭。

通渭缺水，这在我来之前就听说的，来到通渭，其严重的缺水程度令我瞠目结舌。我住的宾馆里没有水，服务员关照了，提了一桶水放在房间供我洗脸和冲马桶，而别的住客则跑下楼去上旱厕。小小的县城正改造着一条老街，干燥的浮土像面粉一样，脚踩下去噗噗地就钻一鞋壳。小巷里一群人拥挤着在一个水龙头下接水，似乎是有人插队，引起众怒，铝盆被踢出来咣啷啷在路道上滚。一间私人诊所里，一老头趴在桌沿上接受肌肉注射，擦了一个棉球，又擦一个棉球。大夫训道：五个棉球都擦不净？！老头说：河里没水了嘛。城外河里是没水了，衣服洗不成，擦澡也不能。一只鸭子从已是一片糊糊的滩上往过走，看见了盆子大的一个水潭，潭里还聚着一团蝌蚪，中间的尾巴在极快地摆动，四边的却越摆越慢，最后就不动了，鸭子伸脖子去啄，泥粘得跌倒，白鸭子变成了黄鸭子。城里城外溜达了一圈，我趔近街房屋檐下的货摊上买矿泉水喝。摊边卧着的一条狗吐了舌头呼哧呼哧不停地喘，摊主骂道：你呼哧得烦不烦！然后就望着天问我那一疙瘩云能不能落下雨来，天上是有一疙瘩乌云，但飘着飘着，还没有飘过街的上空就散了。

我懦懦地回宾馆去，后悔着不该接受朋友的邀请，在这个时候来到了通渭，但是，我又一次驻脚在那个丁字路口了，因为斜对面的院门里，一个老太太正在为一个姑娘用线绞拔额上的汗毛，我知道这是在"开脸"，出嫁前必须做的工作。在这么热的天气里，她即将做新娘了吗？姑娘开罢了脸，就站在那里梳头，那是多么长的一头黑发呀，她立在那里无法梳，便站在了凳子上，梳着梳着，一扭头，望见我正在看她，赶忙过来把院门关了。院门的门环在晃荡着，安装门环的包铁突出饱圆，使我联想到了女人成熟的双乳。"往这儿看！"一个声音在说，我脸唰地红起来，扭过脖子，才发现这声音并不是在说我。一个剃着光头的男人脖子上架了小儿就在我前面走。光头是一边走一边让小儿认街两边店铺门上的字，认得一个了，小儿用指头就在光头顶上写，写了一个又一个。大人问怎么不写了，小儿说：后边有人看着我哩。我是笑着，一直跟他们走过了西街。

这天晚上，我见到了通渭县的县长，他的后脖是酱红颜色，有着几道褶纹，脖子伸长了，褶纹就成白的。县长是天黑才从乡下检查蓄水灌溉工程回来，听说我来了就又赶到宾馆。我们一见如故，自然就聊起今年的旱情，聊起通渭的状况，他几乎一直在说通渭的好话，比如通渭人的生存史就是抗旱的历史，为了保住一瓢水，他们可以花万千力气，而一旦有了一瓢水，却又能干出万千的事来。比如，干旱和交通的不便使通渭成为整个甘肃最贫困的县；但通渭的民风却质朴淳厚，使你能想到陶潜的《桃花源记》。

"是吗？"我有些不以为然地冲着他笑，"孟子可是说过：衣食足，知礼仪。"

"孟子是不知道通渭的！"

"我也是到过许多农村，如果哪个地方民风淳厚，那个地方往往是和愚昧落后连在一起的……""可通渭恰恰是甘肃文化普及程度最高的县！"县长几乎有些生气了，他说明日他还要去乡下的，让我跟着他去亲眼看看，就不会说这样的话了。

我真的跟着县长去乡下了，转了一天，又转了一天。在走过的沟沟岔岔里，没有一块不是梯田的，且都是外高内低，挖着蓄水的塘，进入大的小的村庄，场畔有引水渠，巷道里有引水渠，分别通往人家门口的水窖。可以想象，天上如果下雨，雨水是不能浪费的，全然会流进地里和窖里。农民的一生，最大的业绩是在自己手里盖一院房子，而盖房子很重要的一项工程就是修水窖，于是便产生了窖工的职业。小的水窖可以盛几十立方水，大的则容量达到数千立方，能管待一村的人与畜的全年饮用。一户人家富裕不富裕，不仅看其家里有着多少大缸装着苞谷和麦子，有多少羊和农具衣物，还要看蓄有多少水。当然，他们的生活是非常简单的，待客最豪华的仪式是杀鸡，有公鸡杀公鸡，没公鸡就杀还在下蛋的母鸡，然后烙油饼。但是，无论什么人到了门口，首先会问道：你喝了没？不管你回答是渴着或是不渴，主人已经在为你熬茶了。通渭不产茶叶，窖水也不甘甜，虽然熬茶的火盆和茶具极其精致，熬出的茶都是黑红色，糊状的，能吊出线，而且就那么半杯。这种茶立即能止渴和提起神来，既节约了水又维系了人与人之间的亲情。

我出身于乡下，这几十年里也不知走过了多少村庄，但我从未见过像通渭人的农舍收拾得这么整洁，他们的房子有砖墙瓦顶的，更多的还是泥抹的土屋，但农具放的是地方，柴草放的是地方，连楔在墙上的木橛也似乎经过了精心的设计。厨房里大都有三个瓮按程序地沉淀着水，所有的碗碟涮洗干净了，碗口朝下错落地垒起来，灶火口也扫得干干净净。越是缺水，越是喜欢着花草树木，广大的山上即便无能力种植被，自家的院子里却一定要种几棵树，栽几朵花，天天省着水去浇，一枝一叶精心得像照看自己的儿女。我经过一个卧在半山窝的小村庄时，一抬头，一堵土院墙内高高地长着一株牡丹，虽不是花开的季节，枝叶隆起却如一个笸篮那么大。山沟人家能栽牡丹，牡丹竟长得这般高大，我惊得大呼小叫，说：这家肯定生养了漂亮女人！敲门进去，果然女主人长得明眸皓齿，正翻来覆去在一些盆里倒换着水。我不明白这是干啥，她笑着说穷折腾哩，指着这个盆里是洗过脸洗过手的水，那个盆里是涮过锅净过碗的水，这么过滤着，把清亮的水喂牲口和洗衣服，洗过衣服了再浇牡丹的。水要这么合理利用，使我感慨不已，对着县长说：瞧呀，鞋都摆得这么整齐！台阶上有着七八双鞋，差不多都破得有了补丁，却大小分开摆成一溜儿。女主人倒有些不好意思了，说：图个心里干净嘛！

　　正是心里干净，通渭人处处表现着他们精神的高贵。你可以顿顿吃野菜喝稀汤，但家里不能没有一张饭桌；你可以出门了穿的衣裳破旧，但不能不洗不浆；你可以一个大字不识，但中堂上不能不挂字画。有好几次饭时我经过村庄的巷道，两边门口蹲着

277

吃饭的老老少少全站起来招呼，我当然是要吃那么一个蒸熟的洋芋的，蘸着盐巴和他们说几句天气和收成，总能听到说谁家的门风好，出了孝子。我先是不解这话的意思，后来才弄清他们把能考上大学的孩子称作孝子，是说一个孩子若能考上大学就为父母省去好多熬煎；若是这孩子考不上学，父母就遭罪了。重视教育这在中国许多贫困地区是共同的特点，往往最贫穷的地方升学率最高，这可以看作是人们把极力摆脱贫困的希望放了在升学上。通渭也是这样，它的高考升学率一直在甘肃是名列前茅，但通渭除了重视教育外，已经扩而大之到尊重文字，以至于对书法的收藏发展到了一种难以想象的疯狂地步。在过去，各地都有焚纸炉，除了官府衙门焚化作废的公文档案外，民间有专门捡拾废纸的人，捡了废纸就集中焚烧，许多村镇还贴有"敬惜字纸"的警示标语，以为不珍惜字与纸的，便会沦为文盲，即使已经是文人学子也将退化学识。现在全县九万户人家，不敢说百分之百家里收藏书法作品，却可以肯定百分之九十五的人家墙上挂有中堂和条幅。我到过一些家境富裕的农民家，正房里、厦屋里每面墙上都悬挂了装裱得极好的书法作品，也去过那些日子苦焦的人家，什么家当都没有，墙上仍挂着字。仔细看了，有些是明清时一些国内大家的作品，相当有价值，而更多的则是通渭县现当代书家所写。县长说，通渭人爱字成风，写字也成风，仅现在成为全国书法家协会会员的人数，通渭是全省第一，而成为省书协会员的人数，在省内各县中通渭又是第一。书法有市场，书法家就多，书法家多，装饰店就多，小小县城里就有十多家，而且生意都好。我在一个只有十几户人家的小山村里，见到了其中三家挂有于右任和左宗棠的字，而一家的主人并不认字，墙上的对联竟是"玉楼宴罢醉和春，千杯饮后娇伺夜"。在另一家，一幅巨大的中堂，几乎占了半面墙壁，而且纸张发黄变脆，烟熏火燎字已经模糊不清。我问这是谁的作品，主人说不知道，他爷爷在世时就挂在老宅里，他父亲手里重新裱糊过一次，待他重盖了新屋，又拿来挂的。我仔细地辨了落款是"靖仁"，去讨教村中老者，问靖仁是谁，老者说：靖仁呀，是前沟栓子他爷嘛，老汉活着的时候是小学的教书先生！把一个小学教师的字几代人挂在墙上，这令我吃惊。县长说，通渭有许多大的收藏家，收藏的东西那确实是不得了的宝贝，而一般人家贴挂字是不讲究什么名家不名家的，但一定得要求写字人的德行和长相，德行不高的人家写得再好，那不能挂在正堂，长相丑恶者的字也只能挂在偏屋，因为正堂的字前常年要摆香火的。

从乡下回到县城，许多人已经知道我来通渭了，便缠着要我为他们写字，可我怎么也想不到，来的有县上领导也有摆杂货摊的小贩，连宾馆看守院门的老头也三番五次地来。我越写来的人越多，邀我来的朋友见我不得安宁，就宣布谁再让写字就得掏钱，便真的有人拿了钱来买，也有人揣一个瓷碗，提一个陶罐，说是文物来换字，还有掏不出钱的，给我说好话，说得甚至要下跪，不给一个两个字就抱住门框不走。我已经写烦了，再不敢待在宾馆，去朋友家玩到半夜回来，房间门口还是站着五六个人。我说我不写字了，他们说他们坚决不向我索字，只是想看看我怎么写字。

在西安城里，书画的市场是很大的，书画却往往作为了贿品，去办升迁、调动、打官司或者贷款，我的情况就是如此，我也曾戏谑自己的字画推波助澜了腐败现象。但是在通渭，字画更多的是普通老百姓自己收藏，他们的喜爱成了风俗，甚至是一种教化和信仰。

在一个村里，县长领我去见一位老者，说老者虽不是村长，但威望很高。六月的天是晒丝绸的，村人没有丝绸，晒的却是字画，这位老者院子里晒的字画最多，惹得好多人都去看，他家老少出来脸面犹如盆子大。我对老者说，你在村里能主持公道，是不是因为藏字画最多？他说：连字画都没有，谁还听你说话呀？县长就来劲了，叫嚷着他也为村人写几幅字，立即笔墨纸砚就摆开了。县长的字写得还真好，他写的是"一等人忠臣孝子，两件事读书耕田"，写毕了，问道：怎么样？我说：好！他说：是字好还是内容好？我说字好内容好通渭好，在别的地方，维系社会或许靠法律和金钱，而通渭崇尚的是耕读道德。县长就让我也写写，讲明是不能收钱的，我提笔写了几张，写得高兴了，竟写了我曾在华山上见到的吉祥联：太华顶上玉井莲，花开十丈藕如船。

这天下午，一场雨就哗哗地降临了。村人欢乐得如过年节，我却躺在一面土炕上睡着了，醒来，县长还在旁边鼾声如雷。

　　几天后，我离开了通渭，临走时县长拉着我，一边搓着我胳膊上晒得脱下的皮屑，一边说：你来的不是好季节，又拉着你到处跑，让你受热受渴了。我告诉他：我来通渭正是时候！我还要来通渭，带上我那些文朋书友，他们厌恶着城市的颓废和堕落，却又不得不置身城市里那些充满铜臭与权柄操作的艺术事业中而浮躁痛苦着，我要让他们都来一回通渭！

夏河的早晨

这是一九九五年七月二十四日早上七点或者八点，从未有过的巨大的安静，使我醒来感到了一种恐慌，我想制造些声音，但×还在睡着，不该惊扰，悄然地去淋室洗脸，水凉得淋不到脸上去；裹了毛毡便立在了窗口的玻璃这边。想，夏河这么个县城，真活该有拉卜楞寺，是佛教密宗圣地之一，空旷的峡谷里人的孤单的灵魂必须有一个可以交谈的神啊！

昨晚竟然下了小雨，什么时候下的，什么时候又住的，一概不知道。玻璃上还未生出白雾，看得见那水泥街石上斑斑驳驳的白色和黑色，如日光下飘过的云影。街店板门都还未开，但已经有稀稀落落的人走过，那是一只脚，大概是右脚，我注意着的时候，鞋尖已走出玻璃，鞋后跟磨损得一边高一边低。

知道是个丁字路口，但现在只是个三角处，路灯杆下蹲着一个妇女。她的衣裤鞋袜一个颜色的黑，却是白帽，身边放着一个矮凳，矮凳上的筐里没有覆盖，是白的蒸馍。已经蹲得很久了，没有买主，她也不吃喝，甚至动也不动。

一辆三轮车从左往右骑，往左可以下坡到河边，这三轮车就蹬得十分费劲。骑车人是拉卜楞寺的喇嘛，或者是拉卜楞寺里的佛学院的学生，光了头，穿着红袍。昨日中午在集市上见到许多这样装束的年轻人，但都是双手藏在肩上披裹着的红衣里。这一个双手持了车把，精赤赤的半个胳膊露出来，胳膊上没毛，也不粗壮。他的胸前始终有一团热气，乳白色的，像一个不即不离的球。

终于对面的杂货铺开门了，铺主蓬头垢面地往台阶上搬瓷罐，搬扫帚，搬一筐红枣，搬卫生纸，搬草绳，草绳捆上有一个用各色玉石装饰了脸面的盘角羊头，挂在了墙上，又进屋去搬……一个长身女人，是铺主的老婆吧，头上插着一柄红塑料梳子，领袖未扣，一边用牙刷在口里搓洗，一边扭了头看搬出的价格牌，想说什么，没有说，过去用脚揩掉了"红糖每斤四元"的"四"字，铺主发了一会儿呆，结果还是进屋取了粉笔，补写下"五"，写得太细，又改写了一遍。

从上往下走来的是三个洋人。洋人短袖短裤，肉色赤红，有醉酒的颜色，蓝眼睛四处张望。一张软不塌塌白塑料袋儿在路沟沿上潮着，那个女洋人弯下腰看袋儿上的什么字，样子很像一匹马。三个洋人站在了杂货铺前往里看，铺主在微笑着，拿一个依

然镶着玉石的人头骨做成的碗比画，洋人摆着手。

一个妇女匆匆从卖蒸馍人后边的胡同闪出来，转过三角，走到了洋人身后。妇女是藏族人，穿一件厚墩墩袍，戴银灰呢绒帽，身子很粗，前袍一角撩起，露出红的里子，袍的下摆压有绿布边儿，半个肩头露出来，里边是白衬衣，袍子似乎随时要溜下去。紧跟着是她的孩子，孩子老撵不上，踩了母亲穿着的运动鞋带儿，母子节奏就不协调了。孩子看了母亲一下，继续走，又踩了带儿，步伐又乱了，母亲咕哝着什么，弯腰系带儿，这时身子就出了玻璃，后腰处系着红腰带结就拖拉在地上。

没有更高的楼，屋顶有烟囱，不冒烟，烟囱过去就目光一直到城外的山上。山上长着一棵树，冠成圆状，看不出叶子。有三块田，一块是麦田，一块是菜花田，一块土才翻了，呈铁红色。在铁红色的田边支着两个帐篷，一个帐篷大而白，印有黑色花饰，一个帐篷小，白里透灰。到夏河来的峡谷里和拉卜楞寺过去的草地上，昨天见到这样的帐篷很多，都是成双成对的鸳鸯状，后来进去过一家，大的帐篷是住处，小的帐篷是厨房。这么高的山梁上，撑了帐篷，是游牧民的住家吗？还是供旅游者享用的？可那里太冷，谁去睡的？

"你在看什么？"

"我在看这里的人间。"

"看人间？你是上帝呵？！"

我回答着，自然而然地张了嘴说话，说完了，却终于听到了这个夏河的早晨的声音。我回过头来，×已经醒，是她支着身与我制造了声音。我离开了窗口的玻璃，对×说：这里没有上帝，这里是甘南藏族聚居区，信奉的是佛教。

图书在版编目（CIP）数据

游戏人间 / 贾平凹著 . – 南昌：百花洲文艺出版
社 , 2016.12（2017.10 重印）
　ISBN 978-7-5500-2001-6

　Ⅰ . ①游… Ⅱ . ①贾… Ⅲ . ①散文集 – 中国 – 当代
Ⅳ . ① I267

中国版本图书馆 CIP 数据核字（2016）第 273759 号

游戏人间
YOUXI RENJIAN

贾平凹 著

出 版 人	姚雪雪
特约监制	黄 利　万 夏
责任编辑	游灵通　程 玥
特约编辑	黄博文
封面及内文插画	贾平凹
封面设计	水玉银文化
选题策划	阅享文化
出版发行	百花洲文艺出版社
社　　址	南昌市红谷滩世贸路 898 号博能中心 1 期 A 座 20 楼
邮　　编	330038
经　　销	全国新华书店
印　　刷	北京艺堂印刷有限公司
开　　本	889mm×1194mm　1/32
印　　张	9.5
版　　次	2017 年 1 月第 1 版　2017 年 10 月第 7 次印刷
字　　数	200 千字
书　　号	ISBN 978-7-5500-2001-6
定　　价	42.00 元

赣版权登字 05-2016-385
版权所有，盗版必究
发行电话 0791-86895108
网　址 http://www.bhzwy.com
图书若有印装错误，影响阅读，可向承印厂联系调换。